Susanne Puls

DER GANZ NORMALE REITERWAHNSINN

SUSANNE PULS

DER GANZ NORMALE REITERWAHNSINN

❖

Überlebenstipps, die in keinem Lehrbuch stehen

KOSMOS

Alle Hinweise und Ratschläge in diesem Buch erfolgten nach bestem Wissen und Gewissen der Autorin. Sie entbinden den Leser aber nicht von der Verantwortung, seine eigenen Erfahrungen zu machen. Ebenso wenig können sie eine Heilbehandlung ersetzen. Der Verlag übernimmt keinerlei Haftung für Persönlichkeits-, Lach- oder Humorschäden, die aus der gelegentlichen Verwendung von Stilmitteln wie Ironie oder Übertreibung entstehen könnten. Ähnlichkeiten mit lebenden Personen – außer mit der Autorin – sind natürlich rein zufällig.

Inhalt

Es könnte alles so schön sein ...

Ein Vorwort

„Reiten macht Spaß."

Diese Behauptung hören Sie als ahnungsloser Nichtreiter nicht selten von reitenden Zeitgenossen. Und auf den ersten Blick sehen Sie auch nicht den geringsten Grund, daran zu zweifeln.

Natürlich, Reiten ist doch eine naturverbundene Freizeitbeschäftigung, eine Sportart, bei der Mensch und Tier als Partner miteinander im Einklang sind, denken Sie als ach so unwissender Noch-Nichtreiter und werden unversehens zum interessierten Neueinsteiger. Denn schließlich sind Sie der Faszination der Pferde und des Reitens eigentlich schon vor vielen Jahren erlegen, hatten aber irgendwie nie die Gelegenheit, den ersten Schritt zu tun. Aber jetzt wollen Sie endlich Nägel mit Köpfen machen. Sie haben sich sogar schon einige Bücher über Ihr neues Hobby gekauft. Von Horsemanship ist da die Rede und vom Pferdeflüstern, von Losgelassenheit und von der natürlichen Balance des Reiters auf dem Pferderücken. Gut klingt das, finden Sie, machen sich auf den Weg zur nächsten Reitschule und sind urplötzlich vom harmlosen Zivilisten zum ambitionierten Reitanfänger geworden.

Während Sie (noch) gut gelaunt sind, hört man allerdings auf den Stallgassen der Reitställe ganz andere Töne. Eben jene Reiter, die noch vor kurzem vor nichtreitendem Publikum ihr Hobby in höchsten Tönen priesen, stehen hier mit langen Gesichtern beieinander und lassen sich ihren

Reiterfreunden gegenüber in epischer Breite über das alltägliche Elend des Reiterdaseins aus.

„Der Bock will einfach nicht ordentlich gehen", heißt es da von einer Reiterin über den Sportkamerad Pferd. „Selbst mein Bereiter kommt in letzter Zeit nicht mehr mit dem klar. Wenn das so weitergeht, muss ich ihn verkaufen."

„Deiner läuft wenigstens noch", entgegnet ihre Gesprächspartnerin. „Meiner ist schon wieder seit Wochen platt. Dabei fängt bald die Turniersaison an!"

In diesem Moment kommt wutentbrannt ein Mann mit glänzend polierten Reitstiefeln die Stallgasse entlanggestapft. „Es ist zum Kotzen", schnarrt er. „Bei meinem Wotan ist schon wieder kein Halm Heu mehr in der Box. Dabei steht groß und breit ‚Viel Heu!!!' an der Tür. Wofür bezahle ich in diesem Schuppen überhaupt 400 Euro im Monat?"

Unterdessen müht sich in der Reithalle eine Anfängerabteilung damit ab, die lustlos dahintrottenden Schulpferde irgendwie in Gang zu halten, während der Reitlehrer mit heiserer Stimme die immer gleichen Ermahnungen bellt. „Frau Schmitt, Absätze runter, wie oft soll ich das denn noch sagen? Sie, auf dem Poldi, Kopf hoch, was glotzen Sie denn die ganze Zeit auf den Pferdehals!? Frau Schmitt, die Absätze ..."

Einen halben Kilometer weiter spielt sich vor einem spärlich beleuchteten Offenstall eine weitere merkwürdige Szene ab. Eine dicke, kleine Frau in schlammigen Gummistiefeln steht im Nieselregen vor einem übergewichtigen Haflinger, schwenkt einen Edelstein an einem Silberkettchen vor dem Gesicht des Pferdes hin und her und murmelt dabei unverständliche Worte. In respektvoller Entfernung stehen zwei kleine Mädchen und verfolgen das Schauspiel. „Was macht sie denn da?" fragt das eine Mädchen und das andere antwortet in gereizt-überheblichem Flüsterton: „Sie nimmt telepathisch Kontakt zu ihm auf. Damit er ihr sagt, wieso er in letzter Zeit so schreckhaft geworden ist."

Was sind das alles nur für merkwürdige Pferdeleute?, werden Sie jetzt vielleicht entsetzt fragen. Viel Freude an ihrem Hobby steht denen allen ja nun nicht gerade ins Gesicht geschrieben. Handelt es sich hier um bedauerliche Ausnahmen?

Leider nicht, kann ich da nur antworten. Alle diese Menschen haben irgendwann wie Sie mit glänzenden Augen und hochfliegenden Träumen mit dem Reiten angefangen. Doch wie werden aus Pferdefreunden verbissene Trophäenjäger? Wie kommt es dazu, dass Menschen, die im normalen Leben durchaus selbstbewusst sind, sich für gutes Geld einmal in der Woche im Reitstall zur Schnecke machen lassen? Und aus welchem Grund mutiert eine ansonsten ganz vernünftige Frau sofort zur Okkultistin, sobald ihr Pony ein Wehwehchen hat?

Die Antwort ist einfach: Viele Reiter sind Opfer des ganz normalen Reiterwahnsinns.

In seinen unterschiedlichen Ausprägungen und Verlaufsformen kann der Reiterwahnsinn den Betroffenen in ein dauerhaft gestresstes, missmutiges Wesen verwandeln, das die schönen Seiten seiner Freizeitbeschäftigung gänzlich aus den Augen verloren hat. Und das alles geschieht schleichend, ohne dass der Reiter diese Entwicklung bewusst bemerkt. Würde man ihn darauf ansprechen, wäre er vor Entrüstung ganz außer sich.

Tückischerweise bleibt der Reiterwahnsinn auch in den gängigen Reitlehren gänzlich unerwähnt, so dass der Einsteiger keine Gelegenheit hat, sich entsprechend dagegen zu wappnen.

Doch damit ist jetzt Schluss! Begleiten Sie mich auf eine kleine Reise durch die Welt der Freizeitreiterei, zu den verschiedenen Stationen einer durchschnittlichen Reiterkarriere, und lernen Sie dabei die Fallstricke und vielfältigen Gefahren kennen, die dieser Weg für den unerfahrenen Neuling bereit hält! Denn nur wenn Sie wissen, was auf Sie zukommt, haben Sie überhaupt eine Chance, Ihre geistige Gesundheit in der eigentümlichen Reiterwelt zu bewahren.

Dabei könnte eigentlich alles so schön sein ...

Warum wollen Sie reiten lernen?

Träume und Schäume

Ob Sie es glauben oder nicht, diese simple Frage, bzw. Ihre Antwort darauf, ist der Schlüssel zu Ihrem künftigen Reiterglück (oder Unglück, je nachdem).

Nehmen wir zum Beispiel mal an, dass Sie bei den Fernsehübertragungen der letzten Olympischen Spiele Ihre Liebe zum Dressursport entdeckt haben und nun gerne auch mit Frack und Zylinder durch die Prüfungen der schweren Klasse piaffieren würden. In diesem Falle wären Sie gut beraten, sich umgehend einen schwerreichen und toleranten Ehepartner zu suchen, der gerne bereit wäre, Unsummen für teure Dressurpferde sowie deren Unterbringung und Beritt auszugeben. Und nicht viel weniger Geld würden Sie auch noch mal für Ihre reiterliche Ausbildung zum Turniercrack brauchen, für die Sie im Übrigen auch gleich ein paar Jahre einplanen müssten – ohne Erfolgsgarantie versteht sich.

Aller Wahrscheinlichkeit nach sind Ihre Pläne aber von bescheidenerer Natur. Sie lieben Pferde. Und vielleicht wollen Sie schlicht und ergreifend mit einem ausgeglichenen Pferd gemütlich durch die Natur reiten.

Das klingt doch jetzt gar nicht so fürchterlich anspruchsvoll, meinen Sie. Aber wie so oft sieht die Realität etwas verzwickter aus. Denn auch, wenn Sie nicht nach den höheren Weihen der Reitkunst streben, müssen Sie zunächst einmal die Grundlagen der Reiterei erlernen. Ein Ausritt ist nämlich nur dann auch wirklich entspannend, wenn Sie in jedem Augenblick Herr der Lage sind und Ihr Pferd weder auf die Idee kommt, selber zu bestimmen, wo es gerne hingehen möchte, noch geneigt ist, bei jedem noch so kleinen Schreckimpuls mit Ihnen als hilflosem Passagier in wilder Jagd durchs Unterholz zu sprengen.

Um derlei zu verhindern, müssen Sie imstande sein, Ihr Pferd mittels reiterlicher Hilfen zu lenken. Denn auch bei noch so gutem Willen und noch so großer Pferdeliebe klappt die Verständigung zwischen Reiter und Pferd nur ganz selten durch reine Telepathie.

Kurz und gut: Sie müssen eine Reitschule aufsuchen. Und spätestens an diesem Punkt tut sich eine große Kluft zwischen Wunsch und Wirklichkeit auf. Denn in einer staubigen Halle auf unwillig dahinschlurfenden Pferden Ihre Runden zu ziehen, war vermutlich nicht das, was Sie sich von der Reiterei erträumt hatten.

Sollten Sie erwarten, dass die erste Reitschule, die Sie aufsuchen, ein Traumhof ist, auf dem glückliche Anfänger auf fröhlich dahinschwebenden Grand-Prix-Pferden herumreiten, dürfte eine große Enttäuschung nicht lange auf sich warten lassen.

Vielleicht haben Sie aber auch gar keine rechte Vorstellung davon, was Sie als Reitschüler erwartet. Dann kann es sein, dass Sie sich erst mal einige Zeit lang eine Menge Mist für teures Geld verkaufen lassen, bevor Ihnen dämmert, dass irgendwas falsch läuft.

Wie auch immer, messen Sie in jedem Falle die Reitschulrealität, die Sie vorfinden, von Zeit zu Zeit an Ihrem ursprünglichen Traum vom Reiten! Und wenn Sie dann nach einem Jahr immer noch wöchentlich Ihre ewig gleichen Hallenrunden ziehen, auf Pferden, die in ihrem trüben Dasein nie eine grüne Weide zu Gesicht bekommen und von denen es heißt, dass sie im Gelände „unreitbar" sind, dann wird es höchste Zeit, einen anderen Weg einzuschlagen. Denn sonst laufen Sie Gefahr, schon in diesem frühen Stadium Ihrer Karriere einer besonders fiesen Abart des Reiterwahnsinns zum Opfer zu fallen: der völligen Abstumpfung. Und in diesem Falle würden Sie zum willenlosen Konsumenten mieser Leistungen, zum gleichgültigen Gewohnheitstäter.

Noch halten Sie es sicher auch für ausgeschlossen, dass Sie jemals das Wohlergehen der Pferde aus den Augen verlieren könnten. Doch das ist vor Ihnen schon ganz anderen wohlmeinenden Personen passiert. Irgendwann nämlich könnte der Reiterwahnsinn Ihre Wahrnehmung gefährlich verzerren.

Also hüten Sie sich! Und vergessen Sie Ihre Träume nicht!

❖

So, jetzt argwöhnen Sie vermutlich schon, dass ich Sie bereits endgültig abschrecken will, bevor Sie überhaupt angefangen haben. Das ist aber nur teilweise richtig. Außerdem weiß ich, dass die Erfahrung die beste Lehrmeisterin ist, auch wenn sie oft ein bisschen zu spät kommt. Darum erst mal genug der schlauen Vorreden.

Aber halt, mit einem schwergewichtigen Thema will ich Sie an dieser Stelle dann doch noch aufhalten, bevor Sie endlich aufs Pferd bzw. zuvor ins Reitsportgeschäft dürfen. Denn selbst wenn Reitanfänger diesen Aspekt der ganzen Sache oft vernachlässigen, so ist Reiten doch ganz nebenbei auch eine Sportart, die durchaus etwas mit körperlicher Fitness zu tun hat.

Neulich begegnete mir ein reichlich pummeliger, erwachsener Reitschüler, der von sich selber behauptete, eine „Hugo-Simon-Figur“ zu haben. Offenbar war er aber über seine Gemeinsamkeit mit dem erfolgreichen Springreiter in figürlicher Hinsicht nicht wirklich glücklich, denn er verkündete lauthals allen, die es hören wollten oder auch nicht, dass er gedenke, zehn Kilo abzuspecken. Und aus genau diesem Grunde wolle er nun mit der Reiterei beginnen. Auch ein Grund. Aber kein besonders guter.

Gutes Reiten hat sehr viel mit Körperbeherrschung und mit einem guten Körpergefühl zu tun. Und Sie machen es sich und auch Ihrem Lehrpferd wesentlich leichter, wenn Sie ein gewisses Maß an körperlicher Fitness mit in die Reitschule bringen. Dazu müssen Sie nicht gleich dem Standardgardemaß entsprechen – bemühen wir hierzu als Beispiel ruhig noch einmal besagten Herrn Simon – und Sie müssen auch nicht beim New-York-Marathon mitlaufen können. Aber es wäre schon von Vorteil, wenn Sie in der Lage wären, an einer 45-minütigen Reitstunde teilnehmen zu können, ohne danach ein Fall fürs Sauerstoffzelt zu sein. Und ohne die Hilfe eines Flaschenzuges aus eigener Kraft aufs Pferd hinaufzukommen, hätte zumindest den eindeutigen Vorteil, dass Ihre erste Reitstunde nicht schon mit einer Blamage beginnt.

Testen Sie also vor dem Beginn Ihrer Reiterkarriere mit gemäßigtem Sporttreiben in nichtreiterlichen Disziplinen, wie es um Ihre Kondition bestellt ist, und arbeiten Sie gegebenenfalls noch ein bisschen an sich. Und wenn Sie schon wissen, dass Sie dringend zehn Kilo loswerden müssen, dann fangen Sie um Himmels willen gleich damit an, anstatt zu erwarten, dass Ihnen die Pferde dabei helfen!

Um jetzt aber ein paar idealgewichtigen Topsportlern den Wind aus den Segeln zu nehmen, die vermutlich beim Lesen dieses Absatzes schon ein süffisantes Lächeln aufgesetzt haben, möchte ich noch hinzufügen, dass Fitness alleine auch nicht alles ist. So wird ein ansonsten eher unsportlicher Reiter, der ein gutes Balancegefühl hat und unverkrampft im Sattel sitzt, immer besser reiten als ein durchtrainierter Athlet, der sich mit seinen muskelbepackten Beinen am Pferdeleib festklammert und dabei Bewegungen ausführt, als hätte er gerade in einen Elektrozaun gegriffen.

Und um den mörderischen Muskelkater nach den ersten Reitstunden kommt auch keiner drum herum. Bald schon werden Sie schmerzhaft lernen, dass es Muskeln im menschlichen Körper gibt, von deren Existenz, geschweige denn von deren Schmerzpotenzial, Sie vor Ihrem ersten Ritt noch keinen blassen Schimmer hatten. Da nützt Ihnen auch die beste Reitergymnastik nichts. Richtige Reitermuskeln stählt man eben nur durchs Reiten.

Im Übrigen gilt Reiten neuerdings auch als Denksport. Zumindest betitelte ein Buchautor unlängst sein Werk mit „Denksport Reiten“.

Scheint mir ein ganz vernünftiger Ansatz zu sein. Schließlich kann sich Vernunft nur dort entwickeln, wo auch gedacht wird.

Genauso wie Wahnsinn ...

Die Ausrüstung des Reitanfängers

Von der Faszination des Überflüssigen

Ui, jetzt ist es endlich so weit! Wir betreten die aufregende, neue Reiterwelt! Vorerst ist es zwar nur ein Reitsportgeschäft, aber auch wenn Ihnen hier noch kein Pferd über den Weg laufen wird, einen ersten Einblick in die Reiterszene bekommen Sie auf alle Fälle. Untergegangene Kulturen werden ja auch nicht selten anhand ihrer Konsumgüter erforscht, die aus irgendwelchen Gründen die Zeiten überdauert haben.

(Und allein schon wegen seines hohen Kunststoffanteils, wird so einiges von dem Zeug, das Sie hier vorfinden, eine ziemlich lange Zeit überdauern. Es ist nämlich nicht alles Leder, was so aussieht!)

Wie auch immer, Sie betreten also den Laden. Die Türglöckchen klimpern fröhlich und kündigen Sie als konsumwilligen Adepten der Reitkunst an. (Sie können auch „Kunde“ sagen.)

Ihr erster Eindruck dürfte ein positiver sein. Meine Güte, das riecht aber auch gut! Eine Geruchsmischung aus Leder, Sattelseife, Futtermitteln und Teebaumöl dringt in Ihre Nase und wird von Ihrem Gehirn für den Rest Ihres Lebens als „Reitladengeruch“ archiviert. Und dann die übervollen Regale und Kleiderständer auf so übersichtlich kleinem Raum zusammengedrängt! Ein wahres Eldorado für Shoppingfreaks. Aber jetzt fangen Sie bitte nicht an zu hyperventilieren! Sie sind ein bescheidener Mensch. Besser gesagt ein bescheidener Reitanfänger. Denn für Ihre

Anfangsausrüstung sollten Sie sich um Himmels willen noch nicht in Unkosten stürzen.

Noch wissen Sie ja gar nicht, ob Sie wirklich bei der Sache bleiben wollen, also mäßigen Sie Ihren Kauftrieb und erwerben Sie nur das Nötigste! Aufrüsten können Sie später immer noch. Und eben diese bescheidene Einstellung artikulieren Sie jetzt bitte auch der netten Dame gegenüber, die Ihnen gerade ihre Aufmerksamkeit zuwendet.

Bevor es ernst wird, schnell noch eine wichtige Info am Rande. Angestellte von Reitsportgeschäften sind in den meisten Fällen keine ausgebildeten Einzelhändler. Es sind vielmehr Reiter, die ihr Hobby zum Beruf bzw. Nebenjob gemacht haben. Und das führt ganz zwangsläufig dazu, dass Sie von diesen Leuten bei jedem Verkaufsgespräch mit Anekdoten aus deren eigenem Reiterleben beglückt werden. Da gibt es dann schon mal zweifelnde Blicke und sorgenvolle Mienen, wenn Sie ausdrücklich nach einem Produkt verlangen, mit dem die Frau Verkäuferin selber ja so gar keine guten Erfahrungen gemacht hat.

Hören Sie sich diese Tipps ruhig an, aber geben Sie nicht unbedingt was drauf! In Ihrer Reiter-Laufbahn werden Ihnen noch so einige Pseudo-Experten über den Weg laufen und Sie können gar nicht früh genug damit anfangen, lieber Ihrem gesunden Menschenverstand zu vertrauen!

O.K., fangen wir also an, Sie auszurüsten. Wir beginnen ganz oben. Denn Ihr Kopf ist derjenige Körperteil, der bei dieser ganzen Reitsache am empfindlichsten beschädigt werden kann – und das in mehr als nur einer Hinsicht.

Wenn Sie vor dem Regal mit den Reithelmen stehen, werden Sie feststellen, dass die verschiedenen Modelle alle von ähnlicher Hässlichkeit sind. Sie können wählen zwischen der klassischen, mit schwarzem Samt bezogenen Variante oder einer nackten Plastikhartschale mit mehr oder weniger großen Luftschlitzen an den Seiten. Richtig gut sieht niemand mit so einer Reitkappe aus. Unterdrücken Sie aber bitte Ihre Eitelkeit, denn so ein Deckel kann Ihnen bei einem Sturz immerhin das Leben retten, dafür kann man ja schon mal in Kauf nehmen, ein bisschen wie ein Mistkäfer auszusehen, oder? Und außerdem dürfen Sie in den meisten Reitschulen aus versicherungstechnischen Gründen gar nicht ohne Helm an einer Reitstunde teilnehmen. Sie haben also gar keine Wahl.

Wichtig ist, dass Sie eine Kappe mit Drei- oder Vierpunkt-Sicherheitsberiemung wählen, denn diese Art der Befestigung sorgt dafür, dass der Helm im Falle eines Falles auch tatsächlich auf Ihrem Kopf bleibt und sich nicht selbstständig macht, wie das bei den alten Modellen mit Kinnriemen häufig der Fall war.

Für ganz modebewusste Reiter, die den langweiligen Look Ihres Helms so gar nicht ertragen können, gibt es übrigens auch Reitkappenbezüge aus Satin in allen möglichen fröhlichen Modefarben. Einfach über den Helm ziehen und schon erstrahlt die Kopfbedeckung im glänzenden Jockey-Look! Sollten Sie mit so etwas zur Reitstunde erscheinen, wird Sie Ihr Reitlehrer vom ersten Augenblick an hassen – es sei denn, Sie sind eine extrem gut aussehende, langbeinige, 18-jährige Blondine. Das dürfte die einzige Möglichkeit sein, diesen Fauxpas wettzumachen.

Wenden wir uns nun Ihren Beinkleidern zu. Dabei ist es wichtig zu wissen, dass sich die Wahl Ihrer Reithose direkt auf die Wahl Ihrer Schuhe oder Stiefel auswirkt. Es gibt da nämlich in beiden Fällen unterschiedliche Varianten, die man aber immer nur mit einem bestimmten Gegenstück kombinieren kann. Dazu später mehr.

Nehmen wir an, Sie entscheiden sich für die klassische, eng anliegende Reithose aus Stretchmaterial. Wichtig ist – wie ja auch bei Ihren Zivilklamotten –, dass das Material angenehm zu tragen ist und die Haut atmen lässt. Für das Reiten ist es natürlich von besonderer Bedeutung, dass die Hose nirgends zwickt und Ihnen genug Bewegungsfreiheit lässt.

Jetzt müssen Sie sich noch entscheiden, wie viel Besatz Sie an Ihrer Hose wünschen. Es gibt reine Stoffhosen ohne Besatz, Hosen mit Kniebesatz und welche mit Vollbesatz. Dabei handelt es sich um Applikationen aus Leder oder Kunststoff, die für besseren Halt im Sattel sorgen sollen. Viele Reiter schwören auf Vollbesatzhosen, bei denen ihre komplette Kehrseite mit einem gut haftenden Material versehen ist, das ihnen quasi das Gefühl gibt, am Sattel zu kleben und nicht so leicht hin und her zu rutschen. Dagegen ist im Prinzip nichts zu sagen, außer vielleicht, dass Sie sich schon mit Seilen am Pferd festbinden müssten, um in einer prekären Situation nicht zu stürzen. Vielleicht verleiht so ein bisschen Leder am Hintern dem einen oder anderen tatsächlich ein imaginäres Quäntchen mehr Sicherheit im Sattel – auch wenn dadurch garantiert niemand schneller oder besser reiten lernt. Ein guter Reiter sitzt mit oder ohne Hosenbesatz gut im Sattel. Basta.

Vollbesatzhosen sind im Allgemeinen teurer als Kniebesatzhosen, welche wiederum ein bisschen teurer sind als besatzlose Hosen. Da liegt die Entscheidung nun ganz bei Ihnen und Ihrem Geldbeutel. Wobei ich Ihnen aber in jedem Falle abraten würde, 50 Euro mehr für eine Hose zu zahlen, die sich von den anderen nur dadurch unterscheidet, dass es als Dreingabe noch einen Aufkleber fürs Auto gibt, mit dem Sie für eine spezielle Firma werben können. Autoaufkleber sind schlicht und ergreifend out!

Kommen wir nun zu Ihrem Schuhwerk. Bei Stiefeln lautet die erste große Frage: Gummi oder Leder? (An dieser Stelle würde sich ein Fetischistenwitz anbieten, aber ich erspare Ihnen das.)

Gummistiefel sind natürlich wesentlich billiger als Lederstiefel. Der günstigste Lederstiefel ist immer noch ungefähr dreimal so teuer wie ein guter Reitstiefel aus Gummi oder einem vergleichbaren Synthetikmaterial. Das ist die erste unumstößliche Feststellung, der in Verkaufsgesprächen häufig die Binsenweisheit folgt, dass man in Gummistiefeln mehr schwitzt. Das ist sicher nicht ganz falsch, obwohl die modernen Kunststoffstiefel mittlerweile auch meistens ein Innenfutter haben, das den Schweiß gut aufsaugt. Und wenn Sie bei 30 Grad Hitze in Stiefeln und langen Hosen rumlaufen, schwitzen Sie so oder so. Ich möchte nicht abstreiten, dass Leder das angenehmere Material ist, aber als Anfänger sollten Sie erst mal die preisgünstigere Alternative wählen. Außerdem können Sie als Gummistiefelträger allen erzählen, dass diese so praktisch sauber zu halten sind. Einfach mit dem Schlauch abspritzen, fertig. Und das Lederputzmittel haben Sie auch noch gespart.

Die Reiterszene ist aber bekanntermaßen nicht ganz frei von Standesdünkel. Und es mag durchaus Ställe geben, in denen man als Träger von Gummistiefeln unangenehm auffällt, zumindest aber von den Privatreitern sofort als Anfänger, Schulreiter oder sonstige unwichtige Person eingestuft wird. Da kann es einem dann schon passieren, dass man sich einredet, erst mit teuren Stiefeln ein „richtiger" Reiter zu sein. Was aber ein ungefähr eben so großer Trugschluss ist, wie die Annahme, dass man mit einer Volllederbesatzhose besser zu Pferde sitzt.

Ein Fehler, den Sie beim ersten Stiefelkauf auf gar keinen Fall machen dürfen, ist, sich Maßstiefel aufschwätzen zu lassen. Da es bei einem Stiefel ja nicht nur auf die Schuhgröße sondern auch auf das Wadenmaß ankommt, kann es durchaus vorkommen, dass der Verkäufer Sie traurig bis schockiert anblickt und Ihnen erklärt, dass er zwar eine unglaublich große Auswahl aller auch nur erdenklicher Stiefelgrößen in seinem Laden hat, dass ihm aber so eine abnorme Wade wie die Ihre noch nie untergekommen ist. Zufällig kennt der nette Verkäufer aber einen hervorragenden Maßschuster, der sogar für solche Wadenmutanten, wie Sie einer sind, ganz ausgezeichnete Stiefel herstellen kann ... Muss ich noch mehr sagen?

Nicht dass wir uns falsch verstehen, gute Maßstiefel sind eine tolle Sache. Sauteuer zwar, aber an solch feinen Stiefelchen können Sie auch etliche Jahre Ihre Freude haben. Und das ist der springende Punkt. Als Anfänger sollten Sie in der ersten Euphorie nicht gleich die Ausrüstung für die nächsten zehn Jahre erwerben, denn vielleicht ist nach den ersten zehn Reitstunden schon Schluss mit lustig. Und Sie müssten schon ganz außergewöhnliches Glück haben, Ihre teuren Maßstiefel bei Ebay ohne allzu großen Verlust wieder verkauft zu kriegen.

Sie können sich das große Stiefeltheater auch ganz sparen und kaufen sich zu Ihrer Reithose ein Paar Reitschuhe und so genannte Mini-Chaps, die auch Chapsletten genannt werden und rein gar nichts mit Knabbergebäck zu tun haben. Reitschuhe sind ganz normale Stiefeletten oder auch knöchelhohe Schnürschuhe mit einem kleinen Absatz, der das Durchrutschen des Fußes durch den Steigbügel verhindern soll.

Die Mini-Chaps werden über der Hose getragen und sind so was Ähnliches wie Lederstrümpfe, die mit einem Gummisteg unter dem Schuh befestigt werden und mit Klettverschlüssen oder Schnallen auf Ihr Wadenmaß einstellbar sind. Man könnte auch sagen, es sind flexible Stiefelschäfte. Mini-Chaps und Schuhe sind keine schlechte Alternative zu Stiefeln, man schwitzt nämlich auch weniger darin und die Reitschuhe kann man problemlos als Straßenschuhe einsetzen.

Die größere Variante der Mini-Chaps heißt übrigens nicht Maxi-Chaps sondern einfach nur Chaps. Diese werden über der Jeans getragen und ersetzen damit nicht nur die Stiefel sondern auch noch die Vollederbesatzhose. Außerdem haben sie meistens lustige Lederzierfransen an den Seiten. Wenn Sie aber nicht mit dem Westernreiten anfangen wollen, sollten Sie sich tunlichst hüten, in dieser Cowboyaufmachung in Ihrer Reitschule zu erscheinen! Die Gefahr, sich zum Gespött zu machen, wäre nicht gerade klein.

Eine weitere Spielart der Reiterausrüstung sind Jodphurhosen und -stiefeletten. Die heißen so, weil diese Mode von englischen Kavalleristen der Kolonialzeit stammt, die in Indien, genauer gesagt in der Provinz Jodphur, Ihren Dienst taten. Die Jodphurhosen sind an der Wade nicht so eng anliegend wie die herkömmlichen Reithosen sondern gerade geschnitten und werden mit einem Steg unter dem Fuß befestigt. Dazu trägt man dann besagte knöchelhohe Stiefeletten. Dieses Outfit ist angenehm zu tragen und wirkt trotz seiner militärischen Vergangenheit zivil genug, dass man darin auch mal mit öffentlichen Verkehrsmitteln unterwegs sein kann, ohne sofort von jedem als Reiter identifiziert zu werden.

Für welche der genannten Alternativen Sie sich nun entscheiden, ist selbstredend Ihre Sache. Am wichtigsten ist, dass Sie sich in Ihrer Reitkleidung wohl und auf dem Pferd sicher fühlen, und nicht, was in Ihrem Reitstall gerade en vogue ist!

So, das Schlimmste haben Sie hinter sich. Jetzt brauchen Sie nur noch ein paar Kleinigkeiten, für die Sie sich nicht ständig in die Umkleidekabine quälen müssen.

Reithandschuhe sollten Sie sich unbedingt kaufen. Und zwar unabhängig davon, ob gerade Sommer oder Winter ist. Ihre Hände sind es noch nicht gewohnt, Zügel zu halten. Ohne Handschuhe werden sie Ihnen ständig durch die Finger rutschen und das hat dann schmerzhafte Blasen zur Folge.

Auch bei den Handschuhen ist die Spannbreite der Preise ziemlich groß. Von Baumwolle bis Rehleder hat man die Auswahl zwischen allen erdenklichen Materialien. An den billigsten Modellen aus dünnem Baumwollstoff hat man meistens nicht lange Freude, denn sie sind nach wenigen Reitstunden an den Fingerinnenseiten aufgerieben und durchlöchert. Wählen Sie also am besten ein Paar strapazierfähige Handschuhe aus dem mittleren Preissegment. Es sei denn, Sie sind ganz verrückt nach edlem Rehleder. Dann kann es Ihnen allerdings passieren, dass Sie für Ihre Reithandschuhe mehr ausgeben als für Ihre Gummistiefel.

Der Kauf einer Reitgerte ist für den Anfänger nicht zwingend notwendig. In den meisten Schulbetrieben fliegen etliche herrenlose Gerten herum. Allerdings nicht immer, sondern nur in geheimnisvollen und unergründlichen Zyklen. Meistens tauchen sie in Massen auf der Reithallenbande auf, um irgendwann wie von Zauberhand wieder von dort zu verschwinden. Bis auf eine – und die ist dann völlig kaputt. Es kann also nichts schaden, wenn Sie eine eigene erwerben. Auch wenn es sehr wahrscheinlich ist, dass sich Ihre Gerte auch irgendwann auf und davon machen wird, eine Weile lang mit ihren Artgenossen auf der Bande rumlungert und schließlich auf Nimmerwiedersehen verschwindet. Egal, die Dinger sind ja nicht furchtbar teuer und so hat man als Reiter immer mal wieder Gelegenheit, dem Reitsportgeschäft einen Besuch abzustatten.

Ach ja, greifen Sie jetzt bloß nicht zu einer Springgerte, nur weil die so praktisch kompakt aussieht und auch noch eine witzige rote Patschhand am unteren Ende hat! Sie brauchen eine Dressurgerte, die mindestens einen Meter lang sein muss, damit Sie in der Lage sind, Ihr Pferd aus dem korrekten Dressursitz heraus am Hinterteil zu touchieren, ohne die Zügel loslassen oder sich sonst wie verrenken zu müssen.

Auch bei den Gerten gibt es allerlei mehr oder weniger modischen Schnickschnack, wie Messingknäufe in Pferdekopfform. Ob Sie so etwas mögen, bleibt mal wieder Ihrem individuellen Geschmack vorbehalten.

Das war's. Ende des Einkaufs. Nein, mehr gibt es wirklich nicht. Sie brauchen gar nicht so sehnsuchtsvoll im Laden herumzugucken! Ihre Erstausstattung ist komplett.

Eigenes Putzzeug brauchen Sie vorläufig noch nicht. In einem ordentlichen Schulbetrieb sollte jedes Schulpferd sein eigenes Putzzeug haben. Und in einem unordentlichen Schulbetrieb wollen Sie ja wohl nicht landen.

Wenn Sie aber partout den Laden noch nicht verlassen, bzw. zur Kasse gehen wollen, dann könnten wir uns ja aus purem Spaß an der Freude noch einige andere Artikel angucken, die in so einem Reitladen feilgeboten werden.

Lassen Sie mal schön die Finger von den Sporen! Die sind nichts für Reitanfänger, sondern nur für Leute, die sie sich verdient haben! Auch wenn sie Ihnen so verführerisch in Gold, Silber und Bronze entgegenblinken, es wird noch lange dauern, bevor Sie sich dieses reiterlichen Hilfsmittels sinnvoll bedienen können. Wenn Sie das überhaupt je können werden. Und um die Frage vorweg zu nehmen: Nein, viele, die mit Sporen reiten, können es auch nicht.

Dinge, die garantiert kein Mensch braucht, die sich aber so mancher kauft, finden Sie in der Ecke mit den Accessoires. Hier gibt es ein Sammelsurium an Tinnef. Schlüsselanhänger, Halskettchen, Tassen und Autoaufkleber (!) mit allen erdenklichen Pferdemotiven vom Hufeisen bis zum Brandzeichen. Und natürlich der absolute Klassiker der Szene, die Leder-Minitrense mit Gebiss. Wenn Sie sich dieses Schmuckstück an den Rückspiegel Ihres Autos hängen, dann weiß ein jeder, wes Geistes Kind Sie sind. Schön, oder?

Oho, hier gibt es sogar spezielle Reiterstrümpfe und Reiterunterwäsche! Wollen Sie gleich kaufen? Hmm, wie sage ich Ihnen das, ohne gleich ganz grässlich alt und rückständig zu klingen – aber es sind in der Tat Generationen von Reitern ohne derlei Spezialausrüstung ausgekommen. Strümpfe und Unterhosen gibt es ja nun wirklich in jedem Kaufhaus. Auch lange Strümpfe. Und auch Unterwäsche ohne störende Nähte.

Wenn Sie Ihrem künftigen Schulpferd unbedingt ein Leckerli mit Bananen-, Kräuter- oder gar Knoblauch-Geschmack mitbringen wollen, dann kaufen Sie in Gottes Namen einen Beutel von dem Zeug. Mir ist allerdings noch kein Pferd begegnet, dass nicht genau so gerne eine Karotte oder einen Apfel annimmt. Aber zugegeben, die pelletierten Leckereien passen schon besser in eine Reithosentasche.

Einen Leckerbissen kriegen Sie zum guten Schluss auch noch serviert, nämlich Reiter-CDs! Keine Angst, Sie dürfen auch als Reiter weiterhin Herbert Grönemeyer oder Metallica oder welche Musik auch immer hören. Die „Musik zum Reiten“ ist in erster Linie zur Untermalung einer Dressurkür gedacht, auch wenn ich so was habe läuten hören, dass auch in ganz normalen Reitschulen neuerdings „Musikreitstunden“ angeboten werden. Bei dieser Musik handelt es sich meistens um ganz gefällige klassische Stücke oder auch mal die Hammondorgel-Varianten von siebziger Jahre Hits. Der eigentliche Knaller aber sind die Cover-Bilder dieser CDs. Verträumte Porträts von bekannten Dressurreiterinnen und ihren Pferden, vor romantischen Sonnenuntergängen oder blinkenden Sternenhimmeln. Ein Reigen weißer Tauben (wahlweise auch Elfen, Delfine oder

Einhörner) tummelt sich im Hintergrund. Kitsch as Kitsch can! Das sind Mädchenträume pur – tausend Traumgalaxien weit von den Reiterrealitäten entfernt, die Sie in Kürze kennen lernen werden.

Herzlich willkommen im Reiterstadel!

Der Schulbetrieb

Endstation Sehnsucht?

Bevor es richtig schwierig wird, wird es zunächst einmal ein bisschen kniffelig.

Denn wenn Sie anfangen wollen, reiten zu lernen, müssen Sie erst einmal einen Schulbetrieb finden. So banal diese Feststellung auch klingen mag, so schwierig gestaltet sich doch häufig die Suche nach und die Kontaktaufnahme mit einer Reitschule. Wohlgemerkt spreche ich hier vorerst ausschließlich vom reinen Auffinden eines Schulbetriebs in für Sie erreichbarer Nähe, nicht von der Auswahl einer geeigneten Reitschule nach qualitativen Gesichtspunkten. Wenn Sie nicht verdammt viel Glück haben, wird die Qual der Wahl für Sie nämlich mangels Alternativen gar nicht so groß sein.

Sollten Sie nicht bereits per Mundpropaganda von einem Reitbetrieb in Ihrer Nähe gehört bzw. einen solchen zufällig entdeckt haben, besteht der erste Schritt Ihrer Suche im simplen Griff zum Telefonbuch. Wenn Sie über genügend Sprachwitz verfügen, wird es Ihnen gelingen, den einen oder anderen Schulbetrieb in Ihrer Region ausfindig zu machen. Manche machen es Ihnen auch wirklich einfach, indem sie offensichtliche Benennungen wie Reitverein, Reitschule, Reitclub oder Reitervereinigung wählen. Schwieriger wird es da schon bei Betrieben, die sich partout hinter unauffindbaren Benennungen wie „St. Georg Reit- und Fahrclub“ oder „Erste Hintertupfinger Reitergesellschaft“ verstecken wollen. Ob dies geschieht, um sich gezielt vor potenziellen Interessenten zu verbergen oder ob dieses Verwirrspiel Ausdruck einer speziellen sprachlichen Unterart des Reiterwahnsinns ist, bleibt dahingestellt.

Wie auch immer, wenn Sie nun anfangen wollen, die ermittelten Telefonnummern abzutelefonieren, endet dies wahrscheinlich mit Verdruss.

Es geht nämlich niemand ans Telefon. Jedenfalls niemand, der von irgendetwas eine Ahnung hat.

Unter Umständen haben Sie Gelegenheit, sich von einem Pferdebesitzer anschnauzen zu lassen, der seit Stunden auf den Schmied wartet und eine Weile braucht, bis er bemerkt, dass Sie mit der Verspätung des Meisters nicht das Geringste zu tun haben. Wenn er es dann doch merkt, wird er Sie nachdrücklich auffordern die Leitung frei zu machen, damit der säumige Schmied Gelegenheit hat, mit der entnervten Kundschaft Kontakt aufzunehmen.

Vielleicht haben Sie auch die Möglichkeit für einen Plausch mit Ceszek, dem polnischen Stallburschen, der zwar durchaus nett aber weder des Deutschen mächtig noch sonst eine große Hilfe ist. Ebenso wenig wie die kleine Reitschülerin, die Ihnen stockend erklärt, dass gerade keiner in der Nähe ist, der etwas über den Schulbetrieb weiß, sie selber eingeschlossen.

Sollte es tatsächlich vorkommen, dass Sie am anderen Ende der Leitung eine verständliche Bandansage hören, die Sie auf feste Bürozeiten des Betriebsleiters bzw. Reitlehrers verweist, dann ist das schon ein großer Erfolg. Zufällig den Reitlehrer persönlich an die Strippe zu bekommen, käme dagegen fast einem Wunder gleich.

Sollten Sie so etwas Profanes wie ein gedrucktes Telefonbuch im Zeitalter des Internets nicht mehr für ein geeignetes Informationsmittel halten, dann können Sie natürlich auch online auf Reitschulsuche gehen. Sie werden ein ebenso unvollständiges Suchergebnis erhalten, allerdings mit dem Vorteil, auf den Webseiten schon einmal eine idealisierte Selbstdarstellung präsentiert zu bekommen. Mit Fotos der Reitanlage aus den garantiert schmeichelhaftesten

Blickwinkeln und Texten, die manchem Reiseprospekt Ehre machen würden. Darüber hinaus bekommen Sie aber unter Umständen auch grundlegende Informationen über Angebote, Unterrichtszeiten und Preise. Das ist dann ja doch eine gute Sache – vorausgesetzt, die Informationen sind nicht schon völlig veraltet, weil niemand die Internetseiten pflegt.

Mitunter gibt es im Internet auch die Möglichkeit, über ein Kontakt-Formular Anfragen an die Reitschule Ihrer Wahl zu senden. Seien Sie aber bitte nicht so naiv zu glauben, dass daraufhin irgendwer irgendwann zwangsläufig Kontakt mit Ihnen aufnimmt. Das ist zwar möglich, nicht aber wahrscheinlich.

Wenn Sie aus der Not eine Tugend machen wollen, dann ermitteln Sie die Adressen einiger Reitställe und begeben sich ohne vorherige Absprache, bzw. den Versuch eine solche zu treffen, dorthin, um sich vor Ort ein Bild von der Anlage zu machen. Dann laufen Sie immerhin auch nicht Gefahr, bereits eine Reitstunde gebucht zu haben, um dann schon bei der Ankunft auf dem Hof festzustellen, dass diese Reitschule so gar nicht Ihren Erwartungen entspricht.

❖

Welche Kriterien sollte ein guter Schulbetrieb denn nun überhaupt erfüllen? Tatsächlich gibt es da ein paar Punkte, die auch ein Laie relativ einfach beim ersten Besuch einer Reitanlage prüfen und bewerten kann.

Macht der Betrieb einen sauberen und ordentlichen Eindruck?

Natürlich ist ein Hof, auf dem Pferde gehalten werden, nicht immer pieksauber. Wie in jedem landwirtschaftlichen Betrieb kann hier auch mal ein Anhänger mit Heuballen herumstehen, und es erwartet auch niemand allen Ernstes, dass die Strohhalme im Misthaufen alle rechtwinklig ausgerichtet sind. Auch müssen die Gebäude nicht unbedingt aussehen wie der Privatstall der Queen. Aber wenn Ihnen schon im Eingangsbereich verrostetes Gerät auffällt, das offensichtlich die letzten Jahre schon nicht mehr vom Fleck bewegt wurde und einfach als dauerhafte Verletzungsgefahr für Mensch und Tier achtlos liegen gelassen wurde, dann sollten Sie das schon mal als Minuspunkt auf Ihrer geistigen Checkliste vermerken.

Welche Reitmöglichkeiten bietet die Anlage?

Ideal wäre das Vorhandensein einer Reithalle und eines Außenreitplatzes, damit der Unterricht unabhängig von Witterung und Lichtverhältnissen zu jeder Jahreszeit abgehalten werden kann. In diesem Zusammenhang ist auch wichtig festzustellen, wie das Reitgelände um den Hof herum beschaffen ist. Denn wenn Ihre Reitschule mitten in einem städtischen Industriegebiet oder direkt an einem Autobahnkreuz liegt, können Sie dort vermutlich ausschließlich in der Halle oder auf dem Platz reiten, ohne je einen Ausritt in der freien Natur zu erleben. Und wenn Sie eigentlich reiten lernen wollen, um genau das zu tun – tja, dann nützt Ihnen auch die schönste Reithalle nichts.

An diesem Punkt angelangt, könnten Sie eventuell schon wieder schleunigst in Ihr Auto steigen und mit quietschenden Reifen vom mit rostigen Eisenträgern gespickten Hof der Reitschule im Industriepark „Highwayblick" flüchten. Wahrscheinlicher ist es aber, dass Sie weitere neugierige Blicke im Innern der Anlage riskieren wollen. Nun gut ...

Wie werden die Schulpferde gehalten?

Der wichtigste Punkt überhaupt. Bei einer negativen Bestandsaufnahme der Pferdeunterbringung müssen wir gar nicht weiter diskutieren, dann werden Sie in dieser Reitschule definitiv nie eine Reitstunde nehmen! Erinnern Sie sich bitte daran, dass Sie auch aus Liebe zu den Pferden mit dem Reiten anfangen wollen!

Aller Wahrscheinlichkeit nach sind die Schulpferde in Boxenställen untergebracht. Die Boxen sollten hell und luftig und ausreichend groß sein. Wobei sich darüber streiten lässt, ob eine Fläche von dreizehn Quadratmetern eine ausreichende Größe für die Behausung eines großen Lauftieres ist, aber nehmen wir diese offizielle Maßangabe jetzt einfach mal als gegeben hin.

Damit sich die Pferde auch regelmäßig ohne Reiter und außerhalb ihrer eng begrenzten Box ungezwungen bewegen und außerdem auch noch wichtige soziale Kontakte mit ihren Artgenossen pflegen können, muss es Auslaufflächen in Form von Paddocks und Koppeln geben.

So, und jetzt können Sie vermutlich nach Hause gehen, denn solche paradiesischen Zustände werden Sie in den meisten Schulbetrieben vergeblich suchen. Es ist ebenso traurig wie wahr, dass die überwältigende Mehrheit der Schulpferde ein Leben als Pferde zweiter Klasse führen muss. In dunklen, muffigen Stalltrakten, in Boxen, die man heutzutage keinem Privatpferdebesitzer ernsthaft anbieten könnte und ohne Auslaufmöglichkeiten und soziale Kontakte. Solche Zustände sind absolut indiskutabel! Sie wollen ja schließlich Ihre Freizeit nicht im Zellentrakt eines Zwangsarbeiterlagers verbringen, nicht wahr? Also stimmen Sie im Falle eines Falles mit den Füßen ab! Auch Reitschulen sind Dienstleistungsbetriebe, die nichts empfindlicher trifft als ein Kundenschwund!

Gibt es ordentliches Sattelzeug?

Sollten Sie erstaunlicherweise alle bisherigen Punkte auf der Liste zumindest mit einem „befriedigend" bewertet haben, dann werfen Sie schnell noch einen Blick in die Sattelkammer. Hat jedes Schulpferd einen eigenen Sattel und eigenes Zaumzeug? Sehen die Sachen gepflegt aus? Sicherlich wird das Leder nicht wie neu sein, immerhin sind die Sachen im Dauergebrauch und gehen täglich durch viele, meist nicht sehr putzfreudige Hände. Trotzdem sollte das Leder nicht völlig brüchig oder verdreckt sein!

Und werfen Sie auch mal einen Blick auf die Pferderücken! Druckstellen zeugen von schlecht passenden Sätteln!

Gibt es einen guten Reitlehrer?

Ich erwähne den Reitlehrer nicht etwa zuletzt, weil er nicht wichtig wäre. Im Gegenteil, in Kürze wird er für Sie ein Mensch mit gottgleichen Zügen werden. Aber er wird Ihnen auf Ihrem ersten Rundgang garantiert als Letzter begegnen. Sollte es in Ihrem Schulbetrieb nicht wundersamerweise feste Bürozeiten geben, wird der Reitlehrer nämlich entweder gerade Unterricht geben und unansprechbar sein oder gerade in einer wichtigen Besprechung mit einem Vereinsvorstand, Tierarzt, Turnierrichter oder Privatreiter und unansprechbar sein – oder er ist unauffindbar. Wenn es Ihnen aber tatsächlich gelungen ist, seiner habhaft zu werden, dann haben Sie nun endlich die Chance, einen Termin für eine Reitstunde auszumachen.

Mancher Reitlehrer ist durch ständigen Stress und häufig wechselnde Schüler darauf konditioniert, alle wichtigen Informationen zum Reitenlernen von der Anfangsausrüstung bis zu den Stundenpreisen in einem derartig atemberaubenden Tempo herunterzuleiern, dass er mühelos einen Schnellsprechwettbewerb gegen Dieter Thomas Heck gewinnen könnte. Andere Lehrmeister sind da gemütlicher und verraten vielleicht sogar ungefragt, ob sie ihren Beruf hauptberuflich oder nur nebenbei ausüben und ob sie eine Ausbildung zum Pferdewirtschaftsmeister oder Diplom-Reitlehrer absolviert haben oder Quereinsteiger sind.

Doch letztlich ist es egal, ob Ihr Reitlehrer bei der ersten Begegnung eher muffelig oder leutselig ist. Denn ob er über didaktisches Geschick und Engagement verfügt, erfahren Sie sowieso erst, wenn es ernst wird – während der Reitstunde.

Was Sie aber auf alle Fälle schon im Vorfeld des Ernstfalles im Gespräch oder durch aufmerksames Beobachten von einigen Reitstunden ergründen sollten, ist:

Wie sieht das Unterrichtskonzept aus?

Für Sie ist dabei zunächst am wichtigsten, wie die Anfängerschulung aussieht. Ein Anfänger sollte zunächst immer Longenunterricht erhalten, um die Grundlagen des richtigen Sitzes und die Einwirkungsmöglichkeiten auf das Pferd zu erlernen. Von zehn solchen Einzellektionen sollten Sie dabei mindestens ausgehen, natürlich können es auch einige mehr oder weniger sein, je nach Begabung und Fortschritten.

Wenn es dann an den Gruppenunterricht geht, sollte sichergestellt sein, dass Anfänger und Fortgeschrittene in getrennten Gruppen unterrichtet werden, damit die Leistungsunterschiede innerhalb einer Gruppe nicht zu groß sind. Außerdem sollten die Gruppen auch nicht unüberschaubar groß sein, denn dann kann der Reitlehrer nicht gezielt auf die individuellen Defizite des Einzelnen eingehen. Eine Gruppe von vier bis sechs Reitern ist noch überschaubar, werden es mehr, wird das Geschehen unübersichtlich.

Natürlich ist eine große Anzahl von Reitern pro Abteilung für den Schulbetrieb auch eine große Anzahl von zahlender Kundschaft. So betrachtet, wäre der Reitlehrer schön dumm, wenn er versuchte, die Gruppen klein zu halten. Auf der anderen Seite ist es sehr wahrscheinlich, dass in kleineren Gruppen die Kundenzufriedenheit – um im Geschäftsjargon zu sprechen – größer ist. Und zufriedene Kunden bleiben einem Unternehmen eher treu als unzufriedene. Klingt doch nach einem ganz einfachen Exempel für Wirtschaftsmathematik, oder?

Was kostet der Spaß?

Bleiben wir beim Geld. Ein billiges Vergnügen ist die Reiterei in keinem Falle. Pferdehaltung ist teuer, Reitplätze und Hallen müssen gebaut, bezahlt und instand gehalten werden und auch der Reitlehrer will für seine Dienste entlohnt werden. Rechnen Sie also ruhig mit einem Betrag von 10 bis 20 Euro pro Reitstunde – und das mindestens zweimal pro Woche. Gehört Ihr Schulbetrieb zu einem Reitverein und nicht zu einem privaten Reitstall, müssen Sie zusätzlich noch Aufnahmegebühren und Jahresbeiträge mit einkalkulieren, was auch noch mal ein paar hundert Euro im Jahr sein können.

Vereine verlangen meistens von ihren Mitgliedern eine bestimmte Anzahl von Arbeitsstunden pro Jahr, zum Beispiel Hilfsdienste beim Hausturnier oder diverse Renovierungstätigkeiten rund um den Stall. Nicht abgeleistete Arbeitsstunden müssen zumeist bezahlt werden.

Was soll's, dem wahren Jünger der Reitkunst ist für seine Passion nichts zu teuer! Stellen Sie sich also schon darauf ein, dass Ihre Finanzlage etwas angespannter sein wird, sobald Sie mit dem Reiten anfangen!

❖

Sie haben sich nun in letzter Zeit einige Reitställe kritisch angeguckt. Und wenn der Reiterwahnsinn nicht schon im Vorfeld Ihr Hirn erweicht hat, haben Sie festgestellt, dass es sehr viele schlechte Schulbetriebe gibt. Auch scheint das launenhafte Schicksal besondere Freude daran zu haben, Ihnen auch gute Reitschulen zu zeigen – aber so weit weg von Ihrem Wohnort, dass ein regelmäßiger Besuch dort völlig utopisch ist. Letztlich ist nämlich die gute Erreichbarkeit eines Schulbetriebes das eigentlich ausschlaggebende Kriterium für die Reitschulwahl.

Wenn Sie also den Traum vom Reitenlernen nicht gleich wieder begraben wollen, müssen Sie wohl oder übel Kompromisse machen und den einen oder anderen nicht so berauschenden Aspekt eines Betriebes erst mal in Kauf nehmen. Die Gefahr ist allerdings enorm groß, dass Sie Missstände, die Ihnen anfangs noch ein Dorn im Auge waren, irgendwann als Normalität akzeptieren und sogar früher oder später Ihren Lebensmittelpunkt in so einen fragwürdigen Schuppen verlegen.

Seien Sie also auf der Hut vor schleichenden Bewusstseinsveränderungen! Sollten in Ihrer Nähe wirklich nur Reitschulen der allerschlimmsten Sorte vorhanden sein, dann verrennen Sie sich in nichts und bedenken Sie, dass es immer Alternativen gibt! Vielleicht finden Sie ja einen schönen Reiterhof, wo Sie wenigstens im Urlaub reiten können. Wäre doch auch schon mal was. Oder Sie vertagen die ganze Sache mit dem Reiten erst mal, bis sich irgendwann eine bessere Gelegenheit bietet. Könnte doch sein, dass Sie eines schönen Tages aufs Land umziehen und die Welt dort ganz anders aussieht. Machen Sie doch zwischenzeitlich in Ihrer Freizeit etwas ganz anderes, spielen Sie Tennis oder joggen Sie, werden Sie süchtig nach Fernsehserien, sammeln Sie U-Bahn-Fahrscheine oder gehen Sie einfach öfter abends in die Kneipe. Es gibt so viele Möglichkeiten!

Was sagen Sie? Sie wollen unbedingt reiten lernen? Jetzt und nicht irgendwann? Komisch, das habe ich irgendwie geahnt.

Na gut, also setzen wir Sie endlich aufs Pferd!

Die ersten Reitstunden

Warteschleifen zum Reiterglück

Ihre ersten Reitstunden finden an der Longe statt. Das heißt, dass Ihr Pferd an einer langen Leine um den Reitlehrer herumläuft, der das Lenken übernimmt und den Wechsel der verschiedenen Gangarten veranlasst.

Diese ersten Stunden haben den entscheidenden Vorteil, dass Sie Ihren Reitlehrer ganz für sich alleine haben. Natürlich nur, wenn Sie es schaffen, interessanter zu sein als sein ständig klingelndes Handy und die Vereinskollegen auf der Tribüne.

Unter Ihnen bewegt sich Ihr Longenpferd im Schritt, Trab und Galopp. Angeleitet von den mehr oder weniger hilfreichen Kommentaren des Reitlehrers müssen Sie nun lediglich versuchen, irgendwie oben zu bleiben und dabei eine leidlich gute Figur zu machen.

(Ich werde mich übrigens davor hüten, jetzt damit anzufangen, Ihnen zu erklären, wie Sie auf dem Pferd zu sitzen haben. Dafür ist Ihr Reitlehrer zuständig. Also fragen Sie mich nun bitte nicht nach den Nachteilen des Stuhl- oder Spaltsitzes! Das ist nicht mein Ressort! Und wenn Sie gerne nach der Reitstunde zu Hause noch einmal die Theorie rekapitulieren wollen, dann finden Sie im Buchladen eine nahezu unendlich große Auswahl an Reitlehren, sogar die eine oder andere gute. Hüten Sie sich bloß vor den heutzutage so populären Ratgebern à la „Easy Riding“ oder „Learn to ride in a weekend“, die Ihnen vorgaukeln, man könnte in kürzester Zeit ordentlich reiten lernen. Kann man nämlich nicht.

Wenn Sie wirklich reiten lernen wollen, dann planen Sie ruhig mal einige Jahre und nicht nur einige Tage ein!)

Nach einer halben Stunde an der Longe haben Sie es dann geschafft. Der Reitlehrer lässt das Pferd anhalten und Sie haben Ihre erste Reitstunde hinter sich. Zitternd und schweißnass gleiten Sie aus dem Sattel. Aber was ist es für ein Glücksgefühl, diese Prüfung überstanden zu haben!

Nachdem die ersten Schritte getan sind, ist es nun das erklärte Ziel jedes Reitanfängers, möglichst schnell von der Longe wegzukommen und in der Abteilung mitreiten zu dürfen. Sie wollen ja schließlich auch „richtig reiten", oder? Und was macht es schließlich für einen Eindruck, wenn Sie Ihre Kollegen und Verwandten zwar einerseits mit dem Satz „Ich reite!" beeindrucken können, dann aber kleinlaut zugeben müssen, dass der Reitlehrer das Pferd an einer Leine im Kreis rumlaufen lässt. So etwas versteht ein Laie schließlich nicht.

Also wollen Sie richtig reiten, so mit Lenken, also am Zügel ziehen, und natürlich auch ausreiten, an der frischen Luft, und vielleicht mal einen kleinen Sprung machen, einen Parcours reiten oder eine Dressurprüfung ...

Den Longenunterricht begreifen die meisten Reitschüler als so etwas wie die Warteschleife zum großen Reiterglück. Es scheint – rein hippo ... äh ... hypothetisch – noch alles drin zu sein. Die ganz große Reitkunst liegt vermeintlich in greifbarer Nähe.

Nach ungefähr zehn Longenstunden ist es dann auch endlich so weit. Sie dürfen in die Abteilung!

❖

In dem Moment, in dem Sie den Stall betreten und gespannt nach der Einteilung der Schulpferde Ausschau halten, sind Sie fast wieder genauso aufgeregt wie beim ersten Mal.

Meistens handelt es sich bei dem Verteilungsplan um einen Zettel, der ans schwarze Brett gepinnt wird oder um eine gemeine Schiefertafel. In jedem Falle finden Sie eine Auflistung der Schulpferdenamen vor, und hinter jedem Pferdenamen hat der Reitlehrer einen Schülernamen notiert. Damit auch ein jeder weiß, welche Paare sich in der kommenden Reitstunde zusammenfinden sollen.

Aber dies ist ja Ihre erste Abteilungsstunde und Sie kennen bislang nur Ihr ehemaliges Longenpferd. Beobachten Sie trotzdem einmal die Reaktionen der übrigen Schüler, wenn sie den Einteilungsplan studieren. Von haltlosem Jubel bis zu resigniertem Stöhnen wird alles dabei sein. Hier sind tatsächlich echte Emotionen im Spiel!

Sie haben mittlerweile herausgefunden, dass Sie in der 19-Uhr-Stunde den Fritz (um einen beliebigen Namen zu wählen) reiten sollen. Den Fritz haben Sie schon einmal gesehen, als Sie neugierdehalber durch den Schulpferdetrakt spaziert sind. Das ist der große Fuchs mit der Blesse in der vorletzten Box.

Die Sattelkammer kennen Sie natürlich auch. Haben Sie ja ebenfalls neugierdehalber schon mal hineingeguckt. Da hängen mehr oder weniger ordentlich Sättel und Zaumzeuge der Schulpferde. Jeder Ausrüstungsgegenstand ist mit einem Klebeschildchen versehen, auf dem der Name des zugehörigen Pferdes steht. Nun ja, fast jeder Ausrüstungsgegenstand. Es gelingt Ihnen immerhin den Sattel von Fritz zu identifizieren, nach einem Zaumzeug halten Sie vergeblich Ausschau.

Mittlerweile ist in der Sattelkammer und im Boxentrakt hektische Betriebsamkeit ausgebrochen. Die anderen Reitschüler wissen anscheinend ganz genau, was zu tun ist, und putzen und satteln emsig ihre Pferde.

Vorsichtig linsen Sie die Stallgasse hinunter. Ist da nicht vielleicht irgendwo der Herr Reitlehrer zu sehen?

Schließlich weiß er doch, dass Sie heute Ihre erste Abteilungsstunde haben und dass Sie noch nie selber ein Pferd gesattelt haben. Das weiß er doch, oder?

Tja, wenn er dies wissen sollte, dann bezweifle ich ganz stark, dass er sich darüber auch nur den klitzekleinsten Gedanken macht. Wenn Sie es nicht lassen können, dann gehen Sie ruhig los und suchen Sie den Herrn Reitlehrer. Reißen Sie ihn aus einem hochinteressanten Gespräch mit einer attraktiven Reitschülerin heraus und weisen Sie ihn darauf hin, dass Sie Hilfe beim Satteln benötigen. Er wird Sie angucken als hätte er Sie noch nie gesehen, dann wird er die Stirn runzeln und Ihnen den Rat erteilen, einen der anderen Reitschüler um Hilfe zu bitten.

Diesen Teil können Sie sich auch ersparen und gleich einen anderen Reitschüler bitten, Ihnen zu helfen.

Suchen Sie sich ein älteres Mädchen aus, das so aussieht, als hätte es Freude daran, Erwachsene zu belehren. Fragen Sie nicht die dickliche Frau mittleren Alters mit den neuen und offensichtlich unbequemen Reitstiefeln. Sie sieht zwar ganz sympathisch aus, wird Ihnen aber auch nicht helfen können, da sie es seit zwei Jahren selber nicht schafft, ihr Pferd selbstständig zu satteln und zu trensen.

Wenden Sie sich also an die Mädchen-Mafia, die jeden Schulbetrieb beherrscht. Dann wird auch im Nu die verloren geglaubte Fritz-Trense von irgendwoher auftauchen und Ihr Schulpferd steht in Kürze fertig ausgerüstet in seiner Box (oder davor, je nachdem, welches heilige Putz- und Sattelritual in Ihrem Schulbetrieb ausgeübt wird).

Mit dieser Vorgehensweise ersparen Sie es sich, alles falsch zu machen. Denn das hätten Sie ohne Zweifel getan. Auf der anderen Seite werden Sie beim nächsten Mal wieder genauso ahnungslos dastehen, da Ihre kleine Helferin zwar während des Putzens und Sattelns ganz viel mit dem Fritz geredet hat, nicht aber mit Ihnen. Sie haben nur wie ein Vollidiot daneben gestanden und versucht, durch Zusehen zu lernen. Machen Sie sich keine Hoffnungen, dadurch werden Sie's vor der nächsten Reitstunde auch nicht selber können!

Ja, und jetzt stehen Sie da, die Zügel Ihres Rosses in der Hand, das auch nicht gerade erfreut aussieht und immer mal wieder versucht, Sie zu dem Heuhaufen rüberzuzerren, der sich in der anderen Ecke der Box befindet. Sie versuchen natürlich, dieses aufsässige Treiben zu beenden, was Ihnen immerhin schon mal Gelegenheit gibt, an den Zügeln zu ziehen, probehalber sozusagen.

Aber was sollen Sie jetzt tun? Tendenziell halten Sie sich ja für einen selbstständigen Menschen, aber jetzt einfach mit dem Pferd in die Halle zu latschen und „Hallo, hier bin ich!" zu rufen, ist auch nicht so ganz Ihr Ding. Also bleiben Sie erst mal, wo Sie sind, und gucken, was die anderen Reitschüler so treiben. Mmmh, die werkeln alle ziemlich hektisch herum. „Steigbügelriemen richtig einstellen", summt eine Stimme in Ihrem Kopf. Hatte da nicht so was in Ihrer Reitlehre gestanden? Wie war das noch mal? Sie fangen ziemlich unmotiviert an, am Sattel herumzuzerren. Der Fritz legt die Ohren an und wirft Ihnen böse Blicke zu, woraufhin Sie wieder zu Bewegungslosigkeit erstarren.

Um Punkt sieben setzen sich die anderen Schulreiter samt Pferden wie auf ein geheimes Kommando hin in Bewegung. Sie schließen sich der Karawane erleichtert an und im Gänsemarsch geht es dann in die Reithalle, wo Sie sich wie alle anderen mit dem Fritz auf der Mittellinie aufstellen.

Ihre Mitreiter – fünf an der Zahl – fummeln schon wieder am Sattelzeug herum („Nachgurten" gurrt die Reitlehre-Stimme in Ihrem Kopf) und schwingen sich dann mit unterschiedlicher Eleganz auf die Rücken ihrer Reittiere, die daraufhin auch alle ungefragt losmarschieren.

Der Fritz hat jetzt auch keine Lust mehr, auf der Mittellinie rumzustehen und macht Anstalten, den anderen zu folgen, ob Sie nun im Sattel sitzen oder – was leider der Fall ist – eben nicht.

Natürlich können Sie es nicht zulassen, dass Ihr Pferd Sie so unwürdig durch die Gegend zerrt, weswegen Sie kühn nach dem Steigbügel greifen, um behände in den Sattel zu springen und ...

Nun zumindest in Ihrer Fantasie sind Sie kühn und behände. In der Realität müssen Sie leider feststellen, dass der Steigbügelriemen viel zu kurz ist, vermutlich ist er in der nachmittäglichen Kinderreitstunde auf die Beinlänge einer Zehnjährigen eingestellt worden.

Aber Sie wollen ja schließlich Sport treiben, reißen mit möglichst viel Schwung Ihr Bein in die Höhe, finden auch tatsächlich Halt im Steigbügel – und während Sie auf einem Bein hüpfend versuchen, mit dem Fritz Schritt zu halten, rutscht Ihnen nun ganz langsam aber sicher der Sattel entgegen. („Bügelriemen einstellen!“, „Nachgurten!“, trällert gehässig die Reitlehre-Stimme in Ihrem Kopf.)

Diesen Moment wählt der Reitlehrer, um in der Reithalle zu erscheinen. Souverän erfasst er die Situation sofort und in Bruchteilen von Sekunden hat er den Fritz gestoppt, Sie aus dem Steigbügel befreit, den Sattel erst ab- und dann wieder richtig aufgeschnallt und schaut Sie nun vorwurfsvoll an. „Sie hätten vor dem Aufsteigen nachgurten sollen“, sagt er kritisch. Und nach einer kurzen Denkpause: „Die Steigbügelriemen sind auch viel zu kurz.“

Die anderen Reiterinnen beobachten die Szene mit unverhohlenem Interesse. Sollte es Ihnen bislang tatsächlich nicht bekannt gewesen sein, wie man sich als Klassentrottel fühlt, jetzt wissen Sie es. Sie wollen natürlich beweisen, dass Sie so eine kleine Peinlichkeit mit Humor nehmen können. Während der Reitlehrer mittels Ausbindezügeln dem Fritz den Kopf auf eine genehme Höhe runterzurrt, steigern Sie sich in ein ziemlich dämliches, gackerndes Lachen hinein. „Beim nächsten Mal passiert mir das nicht mehr“, sagen Sie in einer Gackerpause zu Ihrem Reitlehrer, der gerade ziemlich desinteressiert auf der anderen Seite des Fritz verschwunden ist. „Sie können jetzt aufsitzen, ich halte gegen“, sagt er.

Unter Aufbietung aller Willenskräfte schaffen Sie es, das Gegacker einzustellen und sich tatsächlich aufs Pferd zu schwingen, das dankenswerterweise immer noch vom Reitlehrer festgehalten wird. Geschafft! Die erste Abteilungsreitstunde Ihres Lebens und Sie sitzen tatsächlich auf dem Pferd. Irgendwie kommt es Ihnen so vor, als läge das Schlimmste schon hinter und nicht erst noch vor Ihnen. Deswegen breitet sich vermutlich auch dieses Grinsen auf Ihrem Gesicht aus, mit dem Sie nun auf den Reitlehrer hinabblicken. Der dreht sich um. „Zehn Minuten Schritt, linke Hand“, dröhnt er und verlässt die Halle vorerst wieder.

Jetzt übernimmt der Fritz das Kommando. Er sucht und findet Anschluss an die Gruppe der übrigen Schulpferde, die gemächlich hintereinander hertrotten. Halbherzig versuchen Sie, ihn durch Ziehen am Zügel mal ein bisschen zu lenken, aber das führt auch nicht zur kleinsten Richtungsänderung.

Auch gut, dafür haben Sie jetzt ein wenig Zeit, Ihre Umgebung einmal genauer zu betrachten. Durch die spinnwebenverhangenen Oberlichter der Reithalle dringt nicht mehr allzu viel Licht herein, weswegen die künstliche Beleuchtung fast den ganzen Tag über angeschaltet bleibt. Ein trübes Licht ist es, das dem Publikum auf der Tribüne ein kränkliches Aussehen gibt. Fünf Zuschauer sind es, die sich eingefunden haben, um der Reitstunde beizuwohnen. Fünf männliche Zuschauer, vermutlich die Ehemänner und

Freunde Ihrer Mitreiterinnen. Plötzlich sind Sie froh, dass niemand da ist, um Ihnen zuzusehen.

Stoisch ziehen die Schulpferde ihre Runden. Nur zwei unter ihnen warten offensichtlich gespannt darauf, dass sich auf der Tribüne jemand auffällig bewegt oder ein lautes Geräusch verursacht (Naseputzen, zum Beispiel). Dann werden sie auf einmal lebendig und machen einen kleinen Bocksprung oder einen Hopser in die Mitte der Reithalle. Es ist, als wollten sie beweisen, dass sie noch lebendig sind und nicht etwa hölzerne Karussellpferdchen.

Sie sind froh, dass der Fritz so was nicht macht.

Dann kehrt der Reitlehrer zurück und die Reitstunde kann beginnen. „Abteilung! Antraben – leicht traben!" kommandiert er und die ganze Truppe setzt sich in etwas schnellere Bewegung. Auf und ab, eins – zwei, eins – zwei ... Leichttraben haben Sie an der Longe geübt, das fällt Ihnen nicht sonderlich schwer. Als der Reitlehrer anfängt, Ihnen unbekannte Hufschlagfiguren anzuordnen, überlassen Sie es dem Fritz, den anderen zu folgen. Sie nehmen sich vor, sich zu Hause in Ihrer Reitlehre die einzelnen Hufschlagfiguren anzugucken und einzuprägen. Als Hausaufgabe sozusagen.

Dann wird es wieder spannender. Einzelgalopp wird angeordnet. Der Anfangsreiter soll angaloppieren, während der Rest der Abteilung im Schritt bleibt, und sich dann hinten wieder an die Gruppe anschließen. Aufregend finden Sie das, denn schließlich ist der Galopp ja die schnellste Gangart – und dann auch noch ganz alleine eine Runde reiten, ohne einen Vordermann! Hui!

Prompt gibt es auch bei den ersten beiden Reiterinnen Probleme. Als die erste angaloppieren will, fängt ihr Pferd stattdessen an, auf der Stelle herumzuspringen und nach hinten auszukeilen. Schließlich rast es dann aber doch los, ist hinter der Gruppe aber nicht zu stoppen und saust noch mal an den anderen vorbei. Das ist dann auch der Moment, in dem der Reitlehrer lebendig wird. „Mensch, Petra! Wie oft soll ich dir das denn noch sagen? Die Freya musst du mit Kreuz und Schenkeln reiten! Mit Kreuz und Schenkeln!!! Auf den Zirkel abwenden, jetzt! Sofort auf den Zirkel!!!"

Irgendwann bewegt sich die Reiterin mit ihrem rasenden Pferd auch tatsächlich auf einer Kreisbahn. Dadurch fühlt sich das Pferd der zweiten Reiterin nun offenbar motiviert, auch anzugaloppieren, um Petra und Freya zu folgen.

Der Reitlehrer schreit: „Antje, verdammt noch mal, was soll das denn? Lass den Max doch nicht wieder rumspinnen!"

Sie merken, wie Sie plötzlich immer kleiner werden. Gott sei Dank ist der Fritz von diesem Aufruhr völlig unbeeindruckt! Sie fragen sich, was Petra und Antje wohl im normalen Leben machen, und ob sie nicht gleich zum Betriebsrat rennen würden, wenn ihr Chef sie so anschreien würde, wie der Reitlehrer es gerade tut.

„Das ist doch Scheiße, Petra! Das ist die totale Scheiße, was du da gerade machst!"

Irgendwann gelingt es Antje und Petra – keuchend und mit roten Gesichtern – ihre Pferde durchzuparieren und sich hinter der Abteilung einzuordnen.

Bei den nächsten drei Reiterinnen scheint alles zu klappen, denn es geht beängstigend schnell, und dann sind Sie an der Spitze der Gruppe. Mittlerweile sind Sie aber starr vor Schreck und nicht in der Lage, irgendetwas zu tun.

„So, jetzt ist der Fritz dran", sagt der Reitlehrer überflüssigerweise. (Ihren Namen hat er sich wohl offensichtlich nicht gemerkt.) Dann zwinkert er Ihnen aber freundlich zu und sagt aufmunternd: „Keine Angst! Der Fritz macht das alles von alleine."

Recht hat er. Als der Fritz nämlich merkt, dass er keinen Kollegen mehr vor der Nase hat, verfällt er in einen gemütlichen Schaukelgalopp, und als er das Ende der Abteilung erreicht hat, fällt er wieder in den Schritt zurück.

Ihnen wird auf einmal warm ums Herz. Sie haben den Fritz richtig lieb!

Die letzten zehn Minuten der Reitstunde überlässt der Reitlehrer seine Schüler dann wieder sich selbst, was von einigen dazu genutzt wird, nebeneinander herzureiten und die aufregenden Details der Stunde noch einmal verbal Revue passieren zu lassen.

Zum guten Schluss taucht der Meister dann wieder auf, lässt die Abteilung auf der Mittellinie aufmarschieren, und Sie dürfen absitzen.

❖

Das waren Sie nun, Ihre ersten Runden im Wartesaal zum großen Reiterglück. Manch einer hat hier so lange gewartet, bis er irgendwann nicht mal mehr wusste worauf.

Sie scheinen mir aber recht zufrieden zu sein, hmm? Meinen Sie, dass Sie einen Grund dazu haben?

Aber keine Angst, ich enthalte mich an dieser Stelle weiterer miesepetriger Kommentare, bis sich Ihr Adrenalinspiegel nach der aufregenden Reiterei wieder etwas gesenkt hat. Gehen Sie zur Beruhigung erst mal mit Ihren neuen Freunden auf ein, zwei Gläschen ins Reiterstübchen. Reiten und Trinken sind in vielen Vereinen nämlich zwei Seiten derselben Medaille.

Kennen Sie schon den berühmten Satz, mit dem man sich die Buchstabenfolge der Bahnpunkte in der Reithalle merken kann?

Mein **b**ester **F**reund **A**nton **k**ann **e**inen **h**eben.

Cheers!

Der Reitlehrer
Kommisston und Charisma

Der Beruf des Reitlehrers ist klischeebeladen. Er schreit viel, heißt es, kommandiert seine Reitschüler im Kasernenhofton herum und macht sie in bester Feldwebelmanier zur Schnecke. Er achtet auf Disziplin und besteht auf die strikte Einhaltung der Bahnregeln und die unbedingte Befolgung seiner Kommandos. Nach Dienstschluss aber im Reiterstübchen, da trinkt er alle unter den Tisch und ist auch gerne bereit, der einen oder anderen Reitschülerin noch mal das ... äh ... Schenkelweichen zu erklären.

Na, ist Ihr Reitlehrer auch so? Nein? Wundert mich nicht. Denn dieser militärisch geprägte Kraftmensch ist eine aussterbende Gattung, quasi der Geist des vergangenen Reitlehrers. Längst haben leisere Töne in den Reitvereinen Einzug gehalten und man hat hier und dort schon mal Reitschüler „Wie bitte?“ fragen hören, weil sie ein Kommando ihres Reitlehrers rein akustisch nicht verstanden hatten. Cholerische Wutausbrüche ob der immer gleichen Reiterfehler sind auch schon lange nicht mehr überall an der Tagesordnung. Gut so, meinen Sie? Da wäre ich mir an Ihrer Stelle nicht so sicher, denn positiv betrachtet gilt lautes Schreien immerhin als Lebenszeichen.

Der Geist des heutigen Reitlehrers heißt dagegen sehr oft Resignation. Wobei mir nicht ganz klar ist, ob es nun Unfähigkeit, Selbstaufgabe oder ein falsch verstandener Dienstleistungsgedanke ist, wenn mir ein freundlicher junger Mann nach einer miserablen Reitstunde erklärt, dass das „doch alles schon sehr schön und nur bei einigen Kleinigkeiten noch verbesserungswürdig“ war. Manchmal ist ein ehrliches Urteil eben angebracht, und wenn einen nur manische Selbstkritik davon abhält, die eigene Stümperei für große Kunst zu halten, dann ist das für die geistige Gesundheit mancher Reitschüler und das allgemeine Niveau der Reiterei in einem solchen Schulbetrieb sehr gefährlich.

Natürlich ist Reitlehrer ein Job mit hohem Frustrationsgehalt. Ständig wechselnde Schüler, welche die immer gleichen Fehler machen. Eine immer anspruchsvoller werdende Kundschaft, die immer weniger bereit ist, an ihren eigenen Defiziten zu arbeiten. Der Zwang, Umsatz zu machen, weswegen man die eigenen Ideale immer häufiger über Bord werfen muss und zum schlichten Reitstundenverkäufer mutiert. Klagen über Klagen! Wen wundert es da, dass sich die geplagten Reitlehrer in die völlige Apathie flüchten? Klar, dass da nicht mehr genug Energie übrig bleibt, um abseits des Kneipentresens einmal ernsthaft über mögliche neue Konzepte für die Schulreiterei nachzudenken. Das ist der professionelle Reiterwahnsinn!

Und was ist mit dem Geist des zukünftigen Reitlehrers? Tja, den gibt es schon. Ganz dem Zeitgeist entsprechend ist der moderne Reitlehrer gewissermaßen virtueller Natur. Es gibt ihn zwar auch als real existierende Person irgendwo auf dieser Welt, im benachbarten Ausland oder am besten in Übersee, aber davon haben seine Schüler meist nicht viel. Sollen sie auch nicht, denn er hat ganz sicher keine Lust, dass Horden von Reitschülern die entspannte Ruhe auf seiner Zwei-Millionen-Dollar-Ranch in Montana mit dummen Fragen stören. Und seinen Pferden würde er auch niemals die dürftigen Reitkünste von profanen Anfängern aus Germany zumuten. Die armen Tiere – oh my God!

Nein, dieser Reitlehrer ist ein Guru, der in sich selber ruht. Seine Heilsbotschaften verbreitet er per Buch und

Video und gelegentlich auch über Kolumnen in bekannten Reiterzeitschriften. Seine Anhänger müssen dann nur noch das erhabene Reiterwissen ihres Meisters in ihrem reiterlichen Alltag irgendwie mit dem eigenen Pferd in die Praxis umsetzen. Etwas, das für Sie als Schulreiter gänzlich unmöglich ist. Sie haben nämlich kein Pferd, mit dem Sie nach Belieben herumexperimentieren können. Während der Reitstunden müssen Sie so reiten, wie es Ihr heimischer Reitlehrer wünscht – und der wird garantiert nicht ein Fünkchen Verständnis dafür aufbringen, wenn Sie vor der Reitstunde verkünden, dass Sie heute mal die ganze Zeit im von Tina Tinker propagierten Entlastungssitz reiten wollen. Da wird selbst der abgestumpfteste Reitlehrer fuchsig.

Insofern haben Sie also Pech gehabt. Oder Glück, denn immerhin bleibt Ihnen die Peinlichkeit erspart, sich im Guruwahn vor Ihren Reiterfreunden zu blamieren. Zum Beispiel, indem Sie vollmundig behaupten, dass Sie Ihr Pferd nun nach den Lehren von Fred Flädlesupp, dem Großmeister der sanften klassischen Dressur nach altsumerischen Vorbildern, ausbilden – damit die dann bald hämisch feststellen können, dass sich an Ihren bisherigen reiterlichen Problemen nicht das Geringste geändert hat. Bis auf die Tatsache, dass Ihr Pferd nun mit einer von Herrn Flädlesupp ausdrücklich empfohlenen Zäumung so schlecht läuft wie vorher.

Manchmal geht so ein Guru auch auf Welttournee, um sich den jubelnden Massen zu zeigen. Wenn Sie das Glück haben, ein Ticket zu ergattern, können Sie dann für 100 Euro in einer Menschenmenge stehen und Ihrem Idol bei einer Vorführung zusehen. Wenn Sie auf die beträchtliche Entfernung überhaupt etwas erkennen können. Das ist nämlich alles ein bisschen wie bei einem Rockkonzert: teuer, voll, der Star ist kaum zu erkennen und die neuen Schuhe kann man anschließend wegwerfen ...

Da wird dann zum Beispiel ein total problematisches Problempferd in der Gegend rumgejagt, bis es sich entnervt entschließt, lieber doch zu machen, was dieser komische Mensch von ihm verlangt. Wow!

Möglicherweise schütteln Sie jetzt entgeistert den Kopf, weil Sie nie im Leben auf den Gedanken gekommen wären, für so eine Veranstaltung Geld auszugeben. Sie wollen doch reiten – und sich nicht die Beine in den Bauch stehen!

In diesem Falle hätte ich einen Vorschlag für Sie: Pfeifen Sie weiterhin auf weit entfernte Reitergottheiten und investieren Sie stattdessen ein paar Euro in Einzelreitstunden bei Ihrem heimischen Reitlehrer. Vielleicht wacht der ja daraufhin tatsächlich mal auf und honoriert Ihr gesteigertes Engagement mit richtig guten Reitstunden, die Sie wirklich weiterbringen!

Vielleicht zieht er Ihnen aber auch einfach eine Menge Geld für schlechten Unterricht aus der Tasche und telefoniert die Hälfte der Stunde, während Sie sich mit einem unwilligen Schulpferd abquälen, das viel lieber zu seinen Kollegen in den Stall zurück will und keinerlei Verständnis für diese Sonderschicht aufbringt.

In letzterem Falle ist der finanzielle und moralische Verlust für Sie auch nicht gering – aber immerhin waren Sie hautnah dabei!

Die Schulpferde

Geliebt und geschunden

Es hat einen ausgeglichenen, freundlichen Charakter, so dass jeder Anfänger gleich Zutrauen zu ihm fasst. Seine Bewegungen sind weich und rund und hervorragend geeignet, dem unerfahrenen Reiter ein erstes und gutes Gefühl für die unterschiedlichen Gangarten eines Pferdes zu vermitteln. Es reagiert sofort willig auf alle Hilfen des Reiters, verzeiht aber auch bereitwillig jeden Reiterfehler.

Was soll denn das für ein Zaubertier sein? werden Sie jetzt fragen. Die Rede ist vom idealen Schulpferd. Dem Sie selbstredend nie begegnen werden. Denn selbst in dem unwahrscheinlichen Fall, dass sich einmal ein solch gutes Pferd in den Schulbetrieb verirren sollte, wie ausgeglichen und sensibel wäre es wohl noch nach ein paar Anfängerstunden, wenn ihm schon beim Trensen ungeschickt am Kopf herumgegrapscht und dann beim Reiten permanent im Maul gezerrt und in den Rücken gefallen wird?

Natürlich will kein Anfänger sein Lehrpferd absichtlich quälen. Aber das kann das Pferd ja nicht wissen. Und selbst wenn ein Reitschüler Fortschritte macht, so nutzt das dem Pferd nichts, denn in der nächsten Stunde sitzt schon wieder ein blutiger Anfänger auf ihm. Da kann es nicht verwundern, wenn solche Pferde Vermeidungsstrategien entwickeln, um der pausenlosen Tortur zu entkommen. Sie stumpfen entweder völlig ab und ignorieren den Menschen auf ihrem Rücken und seine Bemühungen weitestgehend oder sie fangen an zu bocken oder durchzugehen, um den Reiter loszuwerden. Und auf solchen Pferden kann natürlich keiner ordentlich reiten lernen. Ein Teufelskreis.

In den meisten Reitschulen gibt es daher so etwas wie eine Schulpferdehierarchie. Die Abgestumpftesten werden für die Anfänger eingesetzt, die erst mal das schlichte Obenbleiben und die Grundlagen des Sitzes und der Zügelführung erlernen sollen. Die sensibleren und nicht ganz so verrittenen Pferde sind den Fortgeschrittenen vorbehalten.

Und dazwischen gibt es immer wieder die Durchgeknallten. Das sind die Pferde, die vor lauter Verzweiflung ernsthafte Verhaltensstörungen – von Reitern gerne „Unarten" genannt – entwickelt haben, und die zum Beispiel steigen oder bei jeder sich bietenden Gelegenheit scheuen und haltlos davonstürmen. Wenn ein Reitschüler noch frohgelaunt zur abendlichen Reitstunde erscheint und dann den Namen eines solchen Pferdes hinter seinem eigenen Namen auf dem Einteilungsplan erblickt, dann sieht man ihn entweder erbleichen, fluchen oder sofortigst zum Reitlehrer stürmen, um ihn davon zu überzeugen, dass er unmöglich diesen Spinner reiten kann.

Solche Pferde samt ihrer unseligen Reiter mischen regelmäßig die Schulreiterabteilungen auf, während der Reitlehrer so tut als wäre dies ein ganz normaler Bestandteil des Ablaufs einer Reitstunde. Vielleicht empfindet er das auch tatsächlich so – weil er nämlich selber im Laufe der Jahre gehörig abgestumpft ist.

Hüten Sie sich als Neuling davor, solche Zustände auch einfach als gegeben hinzunehmen. Es ginge nämlich auch anders. In einem idealen Reitschulbetrieb sollten alle Lehrpferde regelmäßig vom Reitlehrer geritten und korrigiert werden, damit sie nicht völlig verritten werden. Und Pferde, die ihre Unarten trotzdem behalten, sind psychisch für den Beruf des Schulpferdes einfach nicht geeignet und gehören somit nicht in einen Schulbetrieb.

Die Realität ist natürlich alles andere als ideal und sieht vielerorts daher auch ganz anders aus. Pferde und deren Haltung kosten viel Geld und die Reitschule muss nehmen, was sie kriegt. Selbstredend sind das meistens keine Idealpferde, aber Kompromisse machen muss jeder. Und der Reitlehrer hat einfach keine Zeit, sich um jedes Problempferd zu kümmern, er muss schließlich Geld verdienen. Es ist immer dieselbe alte Leier.

Ganz entscheidend für den seelischen Zustand eines Schulpferdes sind außerdem die Haltungsbedingungen. In der durchschnittlichen Reitschulrealität könnte man schnell auf den Gedanken kommen, Pferde wären einzelgängerische, bewegungsfaule Höhlenbewohner, die gerne möglichst ammoniakhaltige Luft atmen. Zumindest lässt eine Unterbringung in dunklen, muffigen Einzelboxen eigentlich keinen anderen Schluss zu.

Vielleicht wird man Ihnen einzureden versuchen, dass das alles ganz normal wäre. War schon immer so. Und die Pferde bewegen sich schon während der Reitstunden genug, die brauchen keinen zusätzlichen Auslauf. Die mögen sich alle auch untereinander gar nicht und würden sich – wehe wenn sie losgelassen! – sowieso nur gegenseitig verletzen.

Derartiger Unsinn ist indiskutabel. Nur ist es leider eine Tatsache, dass jahrelange Gefangenschaft bei so einigen Häftlingen psychische Schäden anrichtet. In die Freiheit entlassen, sind sie erst mal völlig orientierungslos, ja, scheinen sogar ihr Gefängnis zu vermissen. Und für ihre Mithäftlinge haben sie nur noch Abneigung und Aggression übrig. Sollte man sie aber, als logische Folge daraus, sofort wieder einsperren?

❖

Alle Reitschüler mögen Pferde oder glauben es zumindest. Auch noch das elendste Schulpferd wird von irgendeinem

Schulreiter geliebt, der ihm immer Äpfel und Leckerlis mitbringt, schon zwei Stunden vor der Reitstunde in den Stall kommt, um es zu putzen, und der im Alltag in Gedanken ganz oft bei „seinem“ Pferd ist. Trotzdem schaffen es dieselben wohlmeinenden Leute, ihre Augen vor offensichtlichen Missständen zu verschließen. Da werden dann schlecht passende Sättel auf wunde Rücken gezurrt und todmüde Pferde fröhlich zum Galopp angespornt.

Das Kapitel „Schulpferde“ ist in vieler Hinsicht traurig. Und fast muss man sich fragen, wer einem mehr Leid tun soll, die geschundenen Pferde oder die einfältigen Menschen.

Ich sagte „fast“. Meine Sympathien sind eindeutig.

Urlaub auf dem Reiterhof

Wellness oder Hardcore?

Die Anzeigenseiten der Reiterzeitschriften sind voller Inserate von Reiterhöfen, die Ihnen ganz besondere Reiterlebnisse in den schönsten Wochen des Jahres anbieten wollen. In Urlaubsstimmung und fern vom Alltagsstress reiten, in schöner Natur an entspannten Ausritten teilnehmen oder auch mal Unterricht von einem Reitlehrer bekommen, der zur Abwechslung eine andere Sicht der Dinge vermitteln kann als der Reitlehrer zu Hause – das ist der Stoff, aus dem reiterliche Urlaubsträume gemacht sind.

Natürlich ist nicht alles Gold, was mit Hochglanzprospekt daherkommt. Da entpuppt sich die „Sunshine Ranch" beim ersten Besuch schon mal als der schmuddelige Hinterhof von Bauer Plönzke. Sollten Sie also nicht in allzu weite Ferne schweifen wollen, dann gucken Sie sich den Reiterhof Ihrer Wahl ruhig einmal in Ruhe an, bevor Sie einen zweiwöchigen Aufenthalt dort buchen!

Vorsichtig sollten Sie auch bei Anbietern sein, die mit Sprüchen wie „Bei uns darf jeder sofort mit ausreiten!" werben. Wenn zwei Stunden lang nur im Schritt geritten werden kann, weil die Hälfte der Gruppe aus Anfängern besteht, die sich kaum auf dem Pferd halten können, wird das für fortgeschrittenere Reiter schnell ermüdend. Da können Sie sich dann auch das kleinste Galöppchen abschminken.

Als erwachsener Reiter sollten Sie auch unbedingt sicherstellen, dass Sie nicht auf einem Hof landen, der sich auf Reiterferien für Kinder (sprich: Mädchen) spezialisiert hat. Sie machen ja Urlaub, weil Sie mal eine Zeit lang nicht vom Chef herumkommandiert werden wollen – da wollen Sie sich dann in Ihrer Freizeit auch nicht von einer Bande aus neun- bis vierzehnjährigen Reitmonstern herumschubsen lassen. Und wenn erst mal eine Mädchengang einen Reiterhof fest im Griff hat, dann haben die Erwachsenen nichts mehr zu melden. Da kann es dann schon passieren, dass Sie während der Reitstunde nicht nur dem kritischen Blick des Reitlehrers, sondern auch dem feindseligen Starren eines Ferienmädchens ausgesetzt sind, das überhaupt nicht damit einverstanden ist, dass Sie „sein" Pflegepferd reiten. Nach der Reitstunde wird es Ihnen sofort die Zügel aus der Hand reißen und/oder Ihnen reizende Geschichtchen darüber erzählen, warum speziell dieses Pferd so unglaublich süüüß ist und sich nur von minderjährigen Zahnspangenträgern reiten lassen will.

Sparen Sie sich das! Es gibt auch Reiterhöfe, die sich auf erwachsene Reitschüler spezialisiert haben.

Unter Umständen finden Sie ja im Urlaub den Reitstall Ihrer Träume, den es bei Ihnen zu Hause leider nicht gibt. Nun, dann haben Sie immerhin die Möglichkeit, zu einem zufriedenen Wochenend- und Urlaubsreiter zu werden. Allemal besser, als ein unzufriedener Alltagsreiter zu sein!

❖

Oder wollen Sie gar keinen Wellnessurlaub zu Pferd? Suchen Sie reiterliche Fortbildung, die Möglichkeit auf gut ausgebildeten Pferden zu sitzen, unterrichtet von Profis, die Sie mit erfahrener und nicht besamthandschuhter Hand fördern?

In dem Falle sollten Sie über einen Reitkurs auf einer Landesreitschule nachdenken. Aber ich warne Sie: Da kommt harte Arbeit auf Sie zu! Und das nicht etwa, weil Sie jeden Tag so unglaublich intensiv am korrekten Schulterherein arbeiten, sondern weil Sie erst mal jeden Morgen um sechs Uhr früh zur Stallarbeit antreten müssen.

Reitkurse sind in Landesreitschulen im Vergleich zu kommerziellen Reitbetrieben verhältnismäßig billig. Dafür müssen Sie allerdings auch ordentlich bei den täglichen Arbeiten im Stall, wie Misten, Füttern und Pferdeputzen, mit anpacken. Und Sie dürfen sich nicht bereits entmutigen lassen, wenn Ihnen auch der dümmste Lehrling im ersten Lehrjahr permanent erklärt, was Sie alles falsch machen. Da kann Ihnen schon mal das korrekte Fegen der Stallgasse schwieriger erscheinen als eine gelungene Vorhandwendung.

Nehmen Sie solche Gängeleien mit Humor! Na ja, versuchen Sie es zumindest. Die wollen doch nur spielen! Schließlich werden die jungen Leute auch den ganzen Tag von ihren Lehrmeistern zur Schnecke gemacht – und wollen einfach ein bisschen davon an die verweichlichten Hobbyreiter weitergeben.

Die Schulpferde in den Landesreitschulen sind größtenteils gut ausgebildet, da sie auch als Lehrpferde für die Lehrlinge, also zukünftige Profireiter, eingesetzt werden. Und die Reitlehrer sind es gewöhnt, angehenden Berufsreitern den Schneid abzukaufen. Es kann Ihnen als harmlosem Feierabendreiter also durchaus ein harter Wind entgegenwehen. Wenn Sie Glück haben, lernen Sie etwas dabei. Und wenn Ihnen mal alles zu viel wird, dann gönnen Sie sich abends in der Reiterkneipe ruhig mal einen Obstler. Vielleicht treffen Sie ja hier auch die Lehrlinge wieder, die dann plötzlich ganz zugänglich werden und Sie auch zu einem zweiten oder dritten Schnäpschen animieren ... Viel Spaß beim frühen Aufstehen!

Abzeichen und Leistungsklassen

Die höheren Weihen

Irgendwann, wenn Sie schon eine Weile dabei sind, werden Sie in Ihrem Schulbetrieb eines Tages ein magisches Wort hören. Anfangs nur im Flüsterton, hinter vorgehaltener Hand im Umkleideraum, ist da plötzlich vom „Abzeichenkurs“ die Rede.

„Was für ein Abzeichen?“, werden Sie denken. „Wozu braucht man das? Sind plötzlich alle so wild darauf, weil das so eine Art Führerschein fürs Pferd ist? Muss man mit Strafe rechnen, wenn man irgendwo ohne erwischt wird?“
Die Antwort auf all Ihre Fragen lautet: Nein!

Die verschiedenen, von der Deutschen Reiterlichen Vereinigung (FN) vergebenen, Reitabzeichen sind in erster Linie eine Voraussetzung für die Teilnahme an Turnieren bestimmter Leistungsklassen. Einfach ausgedrückt gibt es nämlich unterschiedlich schwere Abzeichenprüfungen, die dem erfolgreichen Prüfling dann erlauben, auf Turnieren der entsprechenden Schwierigkeitsgrade zu starten.

Wenn Sie die komplizierte Erklärung wollen, dann besorgen Sie sich das Merkblatt „So werden Sie Turnierreiter“ von der FN. Dieses wird Sie dann darüber aufklären, dass Sie an Prüfungen der Kat. C sogar ohne Reitausweis teilnehmen dürfen, allerdings beachten sollten, dass in den einzelnen LV bzw. LK neben der ZPO noch andere Vorschriften beachtet werden müssen. Sollten Sie gar schon in Kat.-B-Prüfungen Klasse A starten wollen, brauchen Sie allerdings einen Ausweis, mit dem Sie in die Leistungsklasse 6 eingestuft werden. (Je nach Disziplin sind das D6, S6, V6.) Voraussetzung hierfür ist das Deutsche Reitabzeichen Kl. IV. Dem Antrag bitte ein Kopie der Abzeichenurkunde beilegen!

Alles klar? Oder haben Sie sich gerade spontan entschlossen, doch lieber die Steuererklärungen der letzten drei Jahre zu machen?

Wahrscheinlich interessieren Sie sich überhaupt nicht für das ganze Turniertrara. Als Schulreiter können Sie mangels eigenem Pferd sowieso nicht an sportlichen Wettkämpfen teilnehmen – wenn man mal vom jährlichen Vereinsturnierchen absieht, bei dem sogar die Schulpferde beim einfachen Reiterwettbewerb starten. Aber da darf jeder mitmachen und Sie brauchen nicht tausend Formulare in dreifacher Ausfertigung auszufüllen.

Also doch kein Abzeichen für Sie? Gucken Sie nicht so traurig! Es gibt auch gewisse, nun ja, sagen wir ideelle Gründe, ein Reitabzeichen zu erwerben. Die Reitschule ist ja – nomen est omen – eine Schule. Sie haben dort aber noch nie ein Zeugnis erhalten. Vermutlich aus dem guten Grunde, dass der Reitlehrer in einem leistungsorientierten System gezwungen wäre, ziemlich viele Unfähige durchfallen zu lassen – was er sicher auch gerne tun würde, im Hinblick auf die Umsatzzahlen zu seinem großen Bedauern aber nicht darf. Sie gehören aber nicht zu den Unfähigen und wollen nun endlich einmal einen Leistungsnachweis in den Händen halten. Schließlich gehen Sie seit zwei Jahren regelmäßig zur Reitstunde und haben verglichen mit den Anfangszeiten beachtliche Fortschritte gemacht. Und wenn Sie gelegentlich mal im Urlaub woanders reiten, würden Sie auf die Frage des dortigen Reitlehrers nach Ihren Reitkenntnissen gerne selbstbewusst sagen können, dass Sie ein Abzeichen besitzen.

Nun gut, Sie haben es so gewollt. Als Abschlussprüfung der Reitergrundschule werden Sie nun das so genannte Kleine Reitabzeichen (DRA IV) in Angriff nehmen, weil es am ehesten auf Ihre bisher im Schulbetrieb erworbenen Kenntnisse zugeschnitten ist. (Für Geländereiter gibt es alternativ noch den so genannten Reitpass. Auch Western- und Islandpferdereiter haben ihre eigenen Abzeichen.)

Die Prüfung für Ihr Kleines Abzeichen besteht aus drei Teilen: Dressur, Springen und Theorie.

Bei der Erwähnung des Springens wird Ihnen etwas flau im Magen. Das können Sie nämlich nicht. Müssen Sie auch nicht, könnte ich jetzt erwidern, das macht das Pferd. Sie müssen nur draufsitzen. Har har har!

Aber Spaß beiseite, es gibt tatsächlich Reitbetriebe, in denen etliche Pferde eine Abzeichenprüfung im Schlaf herunterspulen können. Pferde haben ein gutes Gedächtnis und wenn sie den immer gleichen Parcours schon tausendmal gesprungen sind, dann kennen sie ihn auswendig, und der Reiter muss sich schon extrem blöd anstellen, wenn er die Prüfung vermasseln will.

In Ihrem Schulbetrieb ist das natürlich was anderes. Die Pferde dort sind aller Wahrscheinlichkeit nach genauso springunkundig wie Sie. Vielleicht lässt der Reitlehrer die Fortgeschrittenen manchmal über ein paar Cavaletti gehen, aber das war's dann auch schon. Womit wir bei der Frage wären, wo Sie Ihr Abzeichen dann am besten machen sollten, wenn Ihr heimatlicher Schulbetrieb ausscheidet. Sie haben da mehrere Möglichkeiten, allerdings sollten Sie in jedem Falle ein bis zwei Wochen Urlaub einplanen, um den Abzeichenkurs zu machen, bei dem Sie die Dressur- und die Springaufgabe üben und für die Theorie lernen können.

Es gibt Reiterhöfe, die wahre Abzeichenfabriken sind. Wie am Fließband bestehen zig Aspiranten ihre Prüfungen auf den schon erwähnten routinierten Pferden und unter den manchmal recht kurzsichtigen Augen der ältlichen Richter. Solche Betriebe werben gerne in Reiterzeitschriften mit Formulierungen wie „Bei uns schafft's jeder". Tja, und das stimmt wohl auch. Allerdings kann man sich auf so ein Abzeichen dann nicht ganz so viel einbilden.

Eine andere Alternative sind die Landesreitschulen. Hier sind Lehrbetrieb und Pferde ebenfalls routiniert, aber nicht ganz so abgeschmackt. Man wird Ihnen Ihre Leistung während des Kurses garantiert nicht schönreden und Sie werden nach der Prüfung auf jeden Fall das Gefühl haben, etwas geleistet zu haben – sei es nun beim Reiten, Trinken oder bei der Stallarbeit. Auf jeden Fall wird man Sie auch hier nicht gerne durchfallen lassen, vorausgesetzt Sie haben sich während des Lehrganges nicht hartnäckig unbeliebt gemacht.

Wo auch immer Sie nun Ihren Abzeichenkurs machen, eines Tages kommt schließlich die Stunde der Wahrheit. Allen Beteuerungen zum Trotz, dass Sie am Turniersport gar kein Interesse haben, müssen Sie dennoch mehr oder weniger turniermäßig ausstaffiert, mit weißer Reithose, weißem Hemd und dunklem Jackett zur Prüfung antreten. In der Dressurprüfung reiten Sie in einer kleinen Abteilung von bis zu vier Reitern einfache Aufgaben in allen drei Gangarten. Wenn die Richter es wollen, müssen Sie für eine Weile die Bügel überschlagen. Nach Ihren Erfahrungen in der Reitschule sollte Ihnen das aber keine allzu großen Probleme bereiten. Auch der Springparcours wird keine großen Schikanen bereithalten, die Hindernisse dürfen zum Beispiel nicht höher als neunzig Zentimeter sein. Sicher, Sie werden vorher entsetzlich bibbern, weil Sie so hohe neunzig Zentimeter noch nie in Ihrem Leben gesehen haben – aber Ihr Pferd wird Sie sicher ins Ziel bringen. Zum guten Schluss müssen Sie dann den Prüfern im theoretischen Teil Fragen zu Haltung, Pflege und Ausbildung von Pferden sowie den Grundlagen der Reiterei beantworten. Aber um dies mit Bravour zu meistern, haben Sie ja während Ihres Kurses regelmäßig die Theoriestunden besucht und anschließend den Lehrstoff noch mal fleißig gebüffelt, also wird auch bei dieser mündlichen Prüfung alles gut gehen.

Nach einigen aufregenden Stunden ist es dann so weit. Sie bekommen feierlich ein Dokument überreicht, das in etwa so aussieht wie ein Impfpass. Und zwei Anstecknadeln, sofern Sie für diese auch brav im Sekretariat bezahlt haben.

Juhu, Sie haben jetzt ein Reitabzeichen! Schnell noch zum Gruppenfoto aufstellen und dann ...

Ja, und was dann? Natürlich erst mal zu Hause im Stall vor denen prahlen, die keins haben. Und dann vielleicht doch einmal kritisch das nächste Turnier beäugen, ob das nicht doch etwas für Sie wäre?

Tun Sie, was Sie nicht lassen können. Aber tun Sie's wirklich kritisch!

Das Reitturnier
Auf der Jagd nach der goldenen Schleife

Es gibt drei Arten, wie Sie ein Reitturnier miterleben können: als Zuschauer, entweder vor dem Fernseher oder live, als Turnierhelfer oder als Teilnehmer.

Letzteres scheidet vorerst aus, da Sie, wie schon erwähnt, kein Pferd besitzen und auch noch nicht gut genug reiten können, als dass Ihnen jemand sein Pferd anbieten würde, damit Sie es auf dem Turnier vorstellen können.

Ein Turnier im Fernsehen anzusehen, kann eine schöne Sache sein, weil man hier im Allgemeinen die edelsten Vertreter der großen Zuchtlinien zu sehen bekommt. (Gemeint sind natürlich die Pferde!) Und diese vierbeinigen Hochleistungsathleten sind sicherlich für jeden Pferdeliebhaber eine Augenweide. Der Wettkampf selber ist dann streckenweise aber doch etwas dröge, da unzählige Reiter nacheinander in vom Laien kaum zu unterscheidender Manier die gleiche Prüfung absolvieren. Das gilt vor allem für das Dressurreiten, wo man schon ein Experte sein muss, um bei den Reitern der Spitzenklasse überhaupt einen Unterschied zwischen den gezeigten Leistungen festzustellen. Das ist beim Springreiten schon leichter nachzuvollziehen. Die Stange fällt – es gibt vier Strafpunkte. Der Reiter fällt – dann wird's richtig interessant.

Doch so sehr Sie sich vielleicht auch für den Turnierzirkus der Weltelite begeistern mögen, teilnehmen werden Sie daran nie. Nein, ich spiele jetzt nicht auf Ihre teilweise dürftigen Leistungen in der Reitstunde oder Ihre schlechte Note beim Springen in der Abzeichenprüfung an, hier geht es schlicht um den schnöden Mammon. Auch wenn Sie noch so toll reiten lernen und sich ein noch so erstklassiges Pferd kaufen, es wird nicht genug sein. Für einen Profireiter reicht nämlich ein einziges Spitzenpferd nicht aus. Wenn Sie wirklich ganz oben mitmischen wollen, brauchen Sie mehrere Pferde, damit Sie immer eines haben, auf das Sie zurückgreifen können, wenn ein anderes konditions- oder verletzungsbedingt ausfällt. Dann müssen Sie jedes Wochenende dem Turnierzirkus über weite Entfernungen hinterherreisen, während natürlich jemand die zu Hause gebliebenen Pferde weitertrainieren muss. Ahnen Sie was? Ja, dafür brauchen Sie mehr als nur Kleingeld!

Bei vielen erfolgreichen europäischen Springreitern gibt es eine merkwürdige Übereinstimmung in der Biographie: Ihre Väter waren bzw. sind Pferdehändler. So ein Zufall aber auch!

Nun ja, trösten Sie sich damit, dass es wesentlich stressfreier ist, das ganze Geschehen vom Sofa aus zu genießen. Wobei Sie nicht vergessen sollten, dass es trotz aller schönen Bilder im Spitzensport auch etliche schwarze Schafe gibt, die auf der Jagd nach Pokalen und Siegesprämien keine Skrupel gegenüber ihren Pferden kennen. Wer erinnert sich nicht mehr an den Skandal um Paul Schockemöhle, der eine tierquälerische Trainingsmethode namens „Barren“ bekannt gemacht hat. Dabei werden während des Trainings eines Springpferdes Eisenstangen dicht über dem Hindernis gehalten und hochgezogen, sobald die Beine des Pferdes über dem Sprung sind, damit es so schmerzhaft lernt, die Beine beim nächsten Sprung höher zu ziehen. Oder denken Sie an den Fall des amerikanischen Springreiters, der 1999 beim Internationalen Reitturnier von Deutschland (CHIO, hat nichts mit Chips zu tun) wegen Tierquälerei disqualifiziert wurde. Dieser feine Reitersmann hatte scharfe Kunststoffspitzen in die Bandagen seines Pferdes eingearbeitet, die sich bei einer Berührung mit der Stange in die Haut des Tieres bohren sollten, um es zu höheren Sprüngen zu animieren.

Das sind wohlgemerkt nur die bekannt gewordenen Fälle. Man wäre naiv zu glauben, dass es sich hierbei wirklich um absolute Ausnahmeerscheinungen handelt.

Hier hätten wir also einen weiteren Vorteil des Fernsehguckens. Man kann jederzeit abschalten!

Aber Sie wollen ja auch gar nicht in die Röhre gucken, um zu sehen, was die Reiterelite so treibt, sondern lieber live ein Turnier miterleben, das sozusagen Ihre Kragenweite hat. Ein wenig Turnieratmosphäre haben Sie bereits in Ihrem Reitstall miterleben können. In jedem Frühjahr werden nämlich einige Privatreiter immer ganz plötzlich ziemlich nervös. Das Sattelzeug wird auf Hochglanz poliert, neue, blütenweiße Satteldecken werden herangekarrt und unschuldige Pferdemähnen traktiert man mit Verziehmessern. In der Halle reiten manche Reiter nicht mehr alleine vor sich hin, sondern haben einen Vorleser dabei, der ihnen Prüfungsaufgaben vorliest, besser gesagt jedem ins Gesicht schreit, der zufällig auch da ist und eigentlich lieber seine Ruhe hätte. Da erlebt man schon mal ganz große Dramen mit, wenn der Vorleser den Reiter kritisiert, der Reiter dem Pferd die Schuld gibt und das Pferd sowieso keine Lust auf den ganzen Mist hat. Es wird geflucht und geheult und mit Sporen gepiekt, Gerten fliegen in die Ecke und Freundschaften werden gekündigt. Das ist die ganz normale Freude eines Möchtegernturniercracks an seinem Sport. Hat irgendwie wahnhafte Züge, oder?

Wenn der große Tag dann gekommen ist, wird das frisch bezopfte Turnierpferd frühmorgens hektisch in den Anhänger verfrachtet und zum Ort des Geschehens gekutscht. Puh, da können die Zurückgebliebenen sich erst mal auf einen ruhigen und stressfreien Tag im Stall freuen.

Abends sind dann aber alle wieder da, die Schleifen, die man auf dem Turnier errungen hat, wurden stolz an den Rückspiegel des Geländewagens gehängt, damit auch alle was davon haben. Gibt es keine Schleifen, sind die Gesichter um so länger und die Behandlung des vierbeinigen Sportkameraden lässt auch etwas von ihrer sonstigen Überschwänglichkeit vermissen. Am nächsten Tag oder spätestens am nächsten Wochenende geht das dann alles wieder von vorne los, die ganze Turnierkarawane zieht in einer paradoxen Mischung aus Freudlosigkeit und Euphorie von Provinznest zu Provinznest.

Heute bleiben Sie also mal nicht zu Hause und freuen sich über die Abwesenheit Ihrer meistgehassten Privatreiter, sondern betreiben Feldforschung und folgen den Gespannen in gemessenem Abstand zum Turnierplatz. Dort herrscht bereits geschäftiges Treiben. Vom Hängerparkplatz her hört man lautes Wiehern und das Poltern der Pferdehufe auf den Verladerampen. In schwarz-weiß gekleidete Reiter und ihre weniger schicken Helfer rennen mit Startnummern, Wassereimern oder Sattelzeug beladen geschäftig hin und her.

Ein- und Zweipferdeanhänger dominieren die Szenerie, der Blickfang ist aber eindeutig das Luxustransportmobil des Gestüts Strahlemann, das die Ausmaße und auch den Preis eines kleinen Einfamilienhauses hat, und in dem ein Dutzend Sportpferde Platz finden. Während unzählige dienstbare Geister um das Fahrzeug herumwuseln, lehnt Herr Strahlemann – von der Sonne gebleichte, dunkelblonde Haare, braungebranntes, ja fast verbranntes Gesicht, roter Springreiterrock – entspannt rauchend an seinem fahrbaren Verkaufsstall und rechnet im Geiste schon mal hoch, wie viele seiner Kracher er wohl für wie viel Geld hier an den Mann bringen wird. Eine erfolgreiche Turnierprüfung steigert den Marktwert eines Pferdes natürlich ungemein und Strahlemann rechnet sich sehr gute Chancen aus.

Die Konkurrenz indessen ist weniger entspannt. Viele Reiter sind jetzt schon vor lauter Nervosität leichenblass. Das Spiel „Fröhliches Gesicht suchen“ könnten Sie hier stundenlang ergebnislos spielen. Also lassen Sie's lieber gleich und inspizieren Sie stattdessen die Wettkampfstätten. Da wäre linkerhand schon mal der Springplatz, auf dem gerade von Turnierhelfern der Parcours aufgebaut wird. Direkt daneben liegt der Austragungsort für einen anderen beliebten Reitersport. Im Bierzelt riecht es schon lecker nach Pommes und auch die Zapfanlage ist bereits in Betrieb. Diskomusik dröhnt aus den Lautsprechern, was dazu führt, dass man seine Bestellung schreiend aufgeben muss. Aber Sie wollen jetzt noch gar nichts bestellen und gehen weiter in Richtung Reithalle. Vor der Halle befindet sich der Abreiteplatz für die Dressurprüfungen und es herrscht bereits ein großes Gewimmel an befrackten Reitern und bezopften Rössern.

Glauben Sie mir, das Geschehen auf dem Abreiteplatz zu beobachten, ist meistens wesentlich interessanter als sich die eigentliche Dressuraufgabe anzugucken. Denn hier zeigen viele Reiter ihr wahres Gesicht. Ohne den gestrengen Richterblick fürchten zu müssen, kann man hier seinem Pferd noch mal zeigen, was eine Harke ist. Da werden also Pferdeköpfe durch rhythmisches Zügelzerren runter geriegelt und Sporen ungeniert in Flanken gebohrt. Manch einen sieht man so ruckartig einseitig am Zügel reißen, als wollte er einen Außenbordmotor anlassen. „Gut so, der brauchte mal ne harte Parade“, ruft ein mitgereister Experte daraufhin dem Bootsmann zu.

Gelegentlich werden Sie natürlich auch mal ein Paar sehen, bei dem Reiter und Pferd harmonisch aufeinander eingespielt sind, und bei dessen Anblick Ihr Herz einen kleinen Hüpfer macht. „Das ist es", denken Sie dann, „genau so habe ich mir das immer vorgestellt. So möchte ich auch einmal reiten können!" Das sind schöne Gedanken! Wenn Sie wissen, was Sie wollen, dann halten Sie auch daran fest und behalten Sie ebenfalls immer im Gedächtnis, was Sie nicht wollen!

Interessanterweise sieht man auch immer wieder ein paar Zivilisten ohne Turnierklamotten inmitten der schwarz-weißen Menge ihre Kreise ziehen. Und einige Reitersleute stehen pferdelos am Rande des Platzes. Sie ahnen es schon, die gehören irgendwie zusammen. Etliche Reiter mit viel Geld und nicht ganz so viel Talent kaufen sich nämlich zu ihrem Pferd auch gleich noch einen so genannten Bereiter dazu. Der bildet das gute Tier dann aus und macht es „turnierfertig". Oft erst wenige Minuten vor Beginn der Prüfung setzt sich dann der Besitzer aufs hohe Ross. So eine Dressuraufgabe dauert ja nur ein paar Minütchen, und bevor das Pferd überhaupt richtig realisiert hat, was los ist, haben die beiden die Aufgabe halbwegs ordentlich hinter sich gebracht.

Vor dem Hallentor wartet eine Reiterin ungeduldig auf ihren Auftritt. Sie reitet einen prächtigen Schimmelhengst, der allerdings hypernervös auf der Stelle herumtänzelt. „Oh, oh, oh", jodelt die Reiterin, übrigens eine blonde Walküre von durchaus beeindruckenden Ausmaßen. „Oh, Frascati, hör auf damit! Hör auf!"

Sie fragen sich flüchtig, wie viel von besagtem Getränk jemand intus haben muss, um einem schönen Pferd einen solch bekloppten Namen zu geben.

„Oh, jetzt lass uns endlich rein", keift die Walküre das Mädchen an, das sich unseligerweise auf der Turnierhelferliste ihres Vereins unter dem Punkt „Türdienst" eingetragen hatte, weil sie es für eine stressfreie Aufgabe hielt, ein paar Stunden am Tag alle paar Minuten die Hallentür auf und wieder zu zu machen. Ein grober Fehler! „Oh, oh, siehst Du denn nicht, dass der Hengst sich aufregt, wenn er warten muss? Der spinnt total!“ heult die Walküre weiter.

„Da drinnen reitet noch jemand“, sagt das Mädchen. „Oh, oh, oh“, ruft die Walküre.

Sie entschließen sich, schnell auf die Zuschauertribüne zu gehen, um den Walkürenritt mitzuerleben. Als Sie die Tribüne betreten, verlässt gerade ein Reiter die Halle und die Bahn ist frei für den Weißwein-Hengst. Hektisch kommt er in die Halle getrabt und stößt ein markerschütterndes Wiehern aus, begleitet von einigen Ohs seiner Reiterin.

In der ersten Bankreihe sitzen zwei Richter nebst zwei Schreibern, ganz außen sitzt der Sprecher, der die Prüfungsaufgaben vorliest, vor einem Mikrofonpult. Außer Ihnen hat sich nur ein kleines Häuflein von vielleicht zehn Zuschauern in die Halle verirrt. Davon springen gerade zwei auf und verlassen fluchtartig die Tribüne. Dafür erscheinen als Ersatz zwei schwergewichtige Blondinen, jede mit einem Jack-Russell-Terrier an der Leine. Sie setzen sich auf eine der verstaubten Bänke, die Blondinen platzieren sich direkt hinter Ihnen. Dann geht es los. Der Vorleser verliest zum zigsten Mal an diesem Turniertag die Aufgabe der A-Dressur und Walküre und Hengst liefern eine überraschend ordentliche Darbietung. Beim Schlussgruß der Reiterin fangen die Blondinen an zu klatschen und zu quatschen. „Hast du gesehen wie sauber die Übergänge waren?“ „Ja, aber beim Galopp ist er ihr doch etwas auseinandergefallen, weil blablabla ...“ Damit springen sie auch schon auf und verlassen die Halle zeitgleich mit ihrer reitenden Freundin.

Sie schauen sich noch ein paar Durchgänge an, bemerken aber, dass die meisten Zuschauer kein Publikum im eigentlichen Sinne, sondern lediglich die Begleiter eines bestimmten Teilnehmers sind, die sofort wieder verschwinden, sobald ihr Reiter fertig ist. Richtige Stimmung kommt da nicht auf. Deswegen beschließen Sie, auch bald wieder zu gehen, um zu gucken, ob woanders nicht mehr los ist. Dazu müssen Sie auch gar nicht lange suchen. Vor der Halle steht eine Schiefertafel, auf der eine weitere junge Turnierhelferin, die vermutlich das Türdienstmädchen glühend um seinen stressfreien Job beneidet, mit Kreide die Noten anschreibt, welche die Richter den Reitern gegeben haben. „Nur eine 5,4?" ruft da gerade eine verbiesterte dünne Frau. „Das kann gar nicht sein! Meine Tochter ist eine hervorragende Prüfung geritten!" Dabei starrt sie das Tafelmädchen mit einer unverkennbaren Drohung im Blick an. „Das muss ein Fehler sein!"

Sie gehen zurück zum Springplatz. Dort ist mittlerweile richtig Trubel ausgebrochen. Die Musik aus dem Festzelt beschallt jetzt über die Außenlautsprecher auch den Parcoursplatz. Eine ansehnliche Zuschauermenge beobachtet gespannt, wie gerade ein Reiter auf seinem Pferd durch die Hindernisse holzt, als gälte es, möglichst viel Brennholz für den nächsten Winter zu hacken. Nach diesem katastrophalen Ritt mit unzähligen Strafpunkten geraten die Turnierhelfer ganz schön ins Schwitzen, weil sie quasi den gesamten Parcours noch einmal neu aufbauen müssen. Das Pferd des folgenden Reiters beschließt dagegen, heute mal lieber gar nicht zu springen und verweigert gleich vor dem ersten Hindernis. Trotz einiger gar nicht zimperlicher Gertenhiebe schaltet es auf stur und ist einfach nicht dazu zu bewegen, auch nur einen einzigen Sprung zu machen. Der Reiter ist knallrot im Gesicht vor Zorn, als er den Platz verlässt, und Sie mögen ganz sicher nicht in der Haut des unwilligen Pferdes stecken ...

Besonders erfreulich sind diese Darbietungen nicht. Zwar hatten Sie sich vorgenommen, so lange beim Springen zuzugucken, bis es den ersten Null-Fehler-Ritt gibt, aber nach einer halben Stunde meldet sich dann vernehmlich Ihr Magen zu Wort. „Erst mal was essen", sagt er und Sie sind schnell dazu überredet auf eine Bratwurst ins Festzelt zu gehen.

Als Sie gerade genüsslich Ihre Wurst mampfen und dazu ein Bierchen trinken, entdecken Sie doch tatsächlich ein paar Reiter aus Ihrem Stall, die fröhlich lachend an einem Biertisch sitzen. Die haben sich alle offensichtlich schon ein paar Getränke genehmigt und erzählen mit glänzenden Augen von ihren Turniererlebnissen. Von den Schwierigkeiten auf dem Abreiteplatz, wo das Pferd so gar nicht ordentlich gehen wollte. Von der aufregenden Prüfung, bei der dann letztlich doch alles geklappt hat. Von dem Idioten von Richter, den man endlich mal in den Ruhestand verabschieden sollte. Aber die Stimmung hier, die ist doch jedes Jahr wieder toll, oder? Auch wenn man keine Schleife holt, ist man doch in jedem Falle gerne dabei!

Da Sie noch verhältnismäßig nüchtern sind, fragen Sie sich einen Moment tatsächlich, ob die von der gleichen Veranstaltung reden, die Sie gerade besucht haben. Nun ja, aber als Sie dazu aufgefordert werden, setzen Sie sich dann doch auf einige Gläschen zu den Turnierreitern. Ja, und ab einem gewissen Punkt finden Sie das auch alles richtig schön hier. Später, als dann Herr Strahlemann mit einem großen Pokal in der Hand im Zelt erscheint und eine Lokalrunde ausgibt, da johlen Sie schon begeistert mit den anderen mit. Und während Strahlemann mit einer betuchten Nachwuchsreiterin ein lukratives Gespräch über sein bestes Pferd im Stall führt, gehen bei Ihnen langsam die Lichter aus.

Am nächsten Morgen geht es Ihnen dann richtig dreckig. Ich erdreiste mich aber trotzdem, Sie zu fragen, was denn nun aus Ihnen und der Turnierreiterei werden soll.

Wollen Sie bald jedes Wochenende so verbringen? Nicht wirklich, oder? Ach, aber Sie werden sich beim nächsten Vereinsturnier in die Helferliste eintragen? Zum Bierzapfen? So, so ...

Andere Reitweisen, andere Sitten?

Jeder gegen jeden

Jetzt mal Spaß beiseite. Wenn Ihnen an der Reiterei, wie Sie sie kennen, einiges nicht passt, müssen Sie Ihre Zweifel nicht zwangsläufig in Alkohol ertränken. Es gibt auch noch eine ganz andere Möglichkeit: das Wechseln der Reitweise. (Und wenn Sie das auch nicht weiterbringt, erhalten Sie auf diese Weise wenigstens Gelegenheit, Ihren Schmerz zur Abwechslung mal mit Tennessee-Whisky oder isländischem Totenkopf-Wodka zu betäuben.)

Bei einem vorsichtigen Blick über den Tellerrand werden Sie etliche Reitstile erblicken, die neben der althergebrachten Reitweise existieren und sich zum Teil einer immer größer werdenden Beliebtheit erfreuen.

Um einen ersten Überblick über die Bandbreite der anderen Reitweisen zu gewinnen, müssen Sie eigentlich nur einige Ausgaben der gängigen Freizeitreitermagazine durchblättern. Oder Sie klicken sich ein bisschen durchs Internet und schauen sich einige der vielen Pferdeseiten an. Da sehen Sie dann Westernreiter, die lässig wie die Cowboys zu Pferde sitzen, oder auch die kleinen Islandpferde, die energiegeladen die Vorderbeine hochschmeißen, wenn sie in einer vierten, Ihnen bislang unbekannten, Gangart unterwegs sind. Aber auch von anderen exotisch klingenden Begriffen wie „klassisch-iberischer Stil“ oder „südamerikanisches Ranchreiten“ ist die Rede. Und wenn Sie die zu den hübschen Bildern gehörenden Artikel überfliegen, drängt sich Ihnen der Eindruck auf, dass all diese Reitweisen entspannter, fundierter und pferdefreundlicher sind als die Reiterei, die Sie bisher betrieben haben.

Jetzt bleibt mir leider nichts anderes übrig, als Sie mit zwei Gemeinplätzen zu ärgern. Zum einen: Anders heißt nicht zwangsläufig besser. Und zum anderen: Viele Wege führen nach Rom.

Letztlich kommt es nämlich alleine darauf an, dass das Reiten in Harmonie zwischen Ross und Reiter geschieht. Die einzelnen Ausbildungsphasen des Pferdes sollen wohl durchdacht und vor allem gewaltfrei vonstatten gehen und seiner ursprünglichen Natur Rechnung tragen. Und der Reiter sollte ebenso gut geschult sein und in einer Art und Weise auf das Pferd einwirken können, dass dieses auch versteht, was er von ihm will. Und diese Ziele kann man zweifelsfrei mit unterschiedlichen Reitstilen erreichen. Dem einen mag die eine Reitweise eher zusagen, dem anderen eben eine andere. So möge denn jeder nach seiner Facon glücklich werden, um noch eine weitere gebräuchliche Redensart zu bemühen.

Klingt einleuchtend, oder? Ja, aber ...

Das „Aber" in diesem Falle ist die Tatsache, dass die Reiter der unterschiedlichen Reitweisen alle vom – wie auch immer behüteten – Scheitel bis zur Sohle – an welche reiterliche Fußbekleidung sie auch genagelt sein mag – voller Vorurteile stecken. Und diese verbreiten sie dann auch mit Hingabe an harmlose Menschen, die Interesse an ihrer speziellen Reitweise signalisieren. Also, seien Sie vorsichtig, wenn Sie sich in den verschiedenen Reiterlagern umsehen! Es ist nämlich so, dass zum Beispiel Westernreiter grundsätzlich erst einmal verbal auf alles einschlagen, was mit dem Englischreiten zu tun hat.

(Auch wenn Sie es bislang nicht wussten, Sie sind ein Englischreiter und somit der Erzfeind eines jeden aufrechten Cowboys! Jawoll, schämen Sie sich! Und wenn Sie bisher nicht sonderlich anglophil waren, müssen Sie jetzt damit leben, dass Sie zum englischen Lager gehören! Woher diese Bezeichnung stammt, ist unklar, vielleicht daher, weil die Engländer angeblich das Leichttraben erfunden haben. Aber das weiß alleine der texanische Geier.)

Englischreiter sind nämlich alle samt und sonders unsensible Grobiane, die ihre Pferde mit ihrer widersinnigen Reitweise quälen. Außerdem haben alle, wirklich alle, englischgerittenen Pferde Satteldruck.

Solchen Anschuldigungen seitens der Westernreiter setzt der Englischreiter die Behauptung entgegen, dass diese Westernfuzzis ja sowieso alle nicht reiten können. Denn mit einem blöden Hut auf dem Kopf, Schlafzimmerblick und durchhängenden Zügeln sein Pferd einfach auf der Vorhand durch die Gegend latschen zu lassen, das ist doch wohl keine ernsthafte Reiterei!

Engländer und Cowboys beäugen allerdings mit vereinter Skepsis die Leute, die auf diesen zu klein geratenen Zottelponys sitzen. Meine Güte, das sind doch erwachsene Leute, können die sich denn keine richtigen Pferde kaufen?

Da kann natürlich der Islandpferdereiter nur verächtlich schnauben, denn ihm käme nie ein Pferd unter den Sattel, das nicht tölten kann. Aber natürlich auch nicht jeder Tölter, diese neumodischen südamerikanischen Gangpferde zum Beispiel braucht doch kein Mensch, nur weil die ein paar Zentimeter größer sind. Dafür würden die auch unter einem ausgewachsenen Wikinger garantiert zusammenbrechen!

Schnell ist man dann aber doch mit den anderen Gangpferdereitern versöhnt, wenn es darum geht, die Hände über dem Kopf zusammenzuschlagen, bei der Erwähnung von Töltenden Trabern. Um Himmels willen, das sind doch keine richtigen Gangpferde! Nein, die dürfen bei uns nicht mitmachen!

Die Traber haben überhaupt einen schweren Stand. Ob er nun einen Tölt- oder einen Westernsattel auf hat, muss sich der Traber unter Umständen sagen lassen, dass er überhaupt kein richtiges Pferd sei.

Sie sehen also, Dünkel und Kleingeistigkeit gibt es in allen Lagern. Die Gemeinsamkeiten scheinen also doch größer zu sein, als so mancher es wahrhaben will.

Machen Sie sich doch mal den Spaß, im Internet in einem der unzähligen Pferdeforen eine Diskussion zu eröffnen mit einem Titel wie „Was ist besser: Englisch oder Western?“ oder besser noch „Ist Englisch- bzw. Western- bzw. Gangpferdereiten Tierquälerei?“. Es wird nicht lange dauern und Sie können virtuell beobachten, wie sich die Vertreter der unterschiedlichen Szenen unter Missachtung jeglicher Anstandsregeln verbal die Köpfe einschlagen. Das ist sehr aufschlussreich!

Letztlich werden Sie den Wahrheitsgehalt all dieser und auch Ihrer eigenen zweifellos vorhandenen Vorurteile nur überprüfen können, indem Sie im gnadenlosen Selbstversuch eigene Erfahrungen mit den Reitweisen, die Sie interessieren, sammeln und daraufhin entweder das Lager wechseln oder doch lieber bleiben, wo Sie sind. Sollten Sie besonders von noch neuen, exotischen Reitweisen und Pferderassen fasziniert sein, werden Sie es ohne Pferdekaufabsichten allerdings schwer haben. Reitschulen und Schulpferde gibt es bei diesen kleineren Gruppierungen nämlich meistens nicht und Sie müssen sehr aufpassen, dass man Ihnen nicht sofort versucht, für Unsummen ein eigenes Pferd aufzudrängen, obwohl Sie einfach nur mal in eine neue Reitweise reinschnuppern wollten.

Einfacher ist es dagegen bei Islandpferde- und Westernreitern. Diese Reitweisen sind in Deutschland mittlerweile zum Massenphänomen geworden. Auf alle Fälle gibt es genügend Betriebe, in denen Sie Gelegenheit erhalten werden zu erfahren, wie es sich in anderen Sätteln sitzt.

Na dann, geben wir diesem mit Sprichwörtern überfüllten Kapitel mal einen würdigen Abschluss:

Probieren geht über studieren!

Die Islandpferde-szene

Traumtölt oder Schweinepass?

Der Isländer ist eine urtümliche Pferderasse, die in Island seit zehn Jahrhunderten rein, das heißt ohne das Einkreuzen fremder Rassen, gezüchtet wird. Tausend Jahre lang war das Islandpferd für die Nachfahren der Wikinger das wichtigste Transportmittel, unverzichtbares Arbeitstier und gelegentlich auch eine gute Mahlzeit. Das Pferd entwickelte durch die harten Umweltbedingungen Islands nicht nur eine genügsame Natur, ein dichtes Fell mit üppiger Mähne und prächtigem Schweif und einen kräftigen Körperbau, der es zu einem guten Gewichtsträger macht. Nein, was das Islandpferd für uns heute so besonders interessant macht, ist, dass es noch über die Gangarten des Urpferdes verfügt, nämlich Tölt und Pass. Diese zusätzlichen Gangarten wurden vielen anderen Pferderassen im Laufe der Zeit quasi abgezüchtet, da man in der Zucht auf andere Merkmale Wert legte. Zum Beispiel auf die Größe. Islandpferde mit einem Stockmaß zwischen 130 und 145 Zentimetern wirken schon recht klein neben Reitpferden aus kontinentaleuropäischen Zuchtlinien, die heutzutage selten unter 160 und schon mal bis zu 180 Zentimeter messen. Als in den fünfziger Jahren die ersten Isländer nach Deutschland importiert wurden, gab es in der Pferdeszene dann auch nicht wenig Spott über diese kleinen Strubbelpferdchen aus dem hohen Norden, die man nicht etwa als Kinderponys nutzen wollte, sondern als Reitpferde für Erwachsene. Lächerlich!

Und obwohl die Islandpferde mittlerweile ein anerkannter Teil der hiesigen Pferdeszene sind und als eigenständige Rasse mit ihren ganz eigenen Qualitäten respektiert werden, scheint der alte Spott viele Isländerreiter immer noch sehr zu wurmen. Anders lässt sich nämlich kaum erklären, warum in der Isiszene so hingebungsvoll das Feindbild namens Großpferdereiter gepflegt wird. Mit Geschichten über diesen entsetzlichen Unhold erzeugen Islandpferdereiter gerne bei sich und ihren Freunden einen angenehmen Grusel. Der arrogante Grobian ist dafür berüchtigt, auf einem besonders hohen Ross, das allerdings ziemlich dämlich ist und vor seinem eigenen Schatten Angst hat, zu sitzen und eben jenes gerne mit seiner grausamen Reiterei zu quälen. Nun ja, was dem einen sein Englischreiter ... Ich enthalte mich da mal eines weiteren Kommentars.

Wenn Sie zum ersten Mal Islandpferde auf der Weide sehen, dann ist vielleicht das eigentlich Bemerkenswerte daran, dass sich die Pferde überhaupt auf der Weide befinden. Auch im Winter und bei Wind und Wetter. Denn die Isländer haben das große Glück, dass man ihnen vielerorts eine artgerechte Robusthaltung ermöglicht. In Island wurden die Pferde schon immer halbwild in Herden gehalten, und wenn man den ursprünglichen Charakter und die Vorzüge dieser Rasse, wie Ausgeglichenheit und ein gutes Sozialverhalten, bewahren will, ist man gut beraten, ihnen hierzulande zumindest eine annähernd ähnliche Haltungsform angedeihen zu lassen.

Die Erkenntnis, dass auch alle anderen Pferderassen am besten in Gesellschaft und an der frischen Luft untergebracht sind, beginnt sich ja allmählich in der ganzen Pferdeszene durchzusetzen, aber die Islandpferdehalter waren in punkto Robusthaltung im wahrsten Sinne des Wortes die Vorreiter. Eine beachtliche Leistung, wenn man bedenkt, dass so mancher deutsche Tierfreund ganz aufgeregt die Polizei alarmiert, wenn er sieht, dass da arme Pferdchen bei ungemütlicher Witterung nicht in ihrem warmen Stall stehen! Natürlich gibt es auch turnierorientierte Isländerhöfe, auf denen die Pferde hauptsächlich in Boxen gehalten werden und viel zu wenig Auslauf in Pferdegesellschaft bekommen. Ich wage aber zu behaupten, dass es die extreme Einzelhaft, wie sie Großpferden noch häufig zugemutet wird, in diesem Maße bei den Isländern nicht gibt. Nun, zumindest hoffe ich das!

Kehren wir aber nun endlich zur Reiterei zurück. So manch ein erwachsener Reitanfänger hat schon geglaubt, dass man auf so einem sympathisch wirkenden, knuddeligen Islandpferd bestimmt leichter reiten lernt als auf einem Großpferd. Sehr wahrscheinlich ist, dass bei diesem Trugschluss der Gedanke an die geringere Fallhöhe eine große Rolle spielte. Außerdem verhalten sich Isländer im Umgang immer so ruhig und gelassen und wirken irgendwie weniger nervös als die großen Pferde. Tja, ohne Reiter ist das vielleicht oft tatsächlich so. Aber aus so manch einem auf der Weide eher schläfrig wirkenden Pony wird unter dem Sattel ein temperamentvoller heißer Ofen mit ordentlichem Vorwärtsdrang. Damit sollte man unbedingt rechnen!

Ein schöner Aspekt des Reitenlernens auf Isländern ist, dass der Geländereiterei ein hoher Stellenwert beigemessen wird. Während so einige Reitschüler in herkömmlichen Schulbetrieben die ersten Monate oder gar Jahre ihres Reiterlebens in einer staubigen Reithalle verbringen, darf der Anfanger auf einem Isländerhof sehr schnell mit seinem Reitlehrer ins Gelände gehen. Sicher liegt das zum Teil auch daran, dass die meisten Isländerställe überhaupt keine Reithalle haben ... Wie auch immer, wenn Sie also das Ausreiten – nicht nur bei Sonnenschein – lieben, könnte ein Isländerhof genau das Richtige für Sie sein.

„Wie, schon drei Seiten des Isländerkapitels gelesen und erst eine winzigkleine Erwähnung von Tölt und Pass?", werden Sie jetzt vielleicht ungnädig fragen. Diese Gangarten sind es doch angeblich, die das Islandpferd besonders auszeichnen. Da haben Sie schon Recht. Aber wenn Sie sich bei Gelegenheit mal eine gute Islandpferde-Reitlehre anschauen, werden Sie feststellen, dass dort auch zuerst das korrekte Reiten der altbekannten Gangarten Schritt, Trab und Galopp erläutert wird, bevor es ans Tölten geht. Von grundlegender Dressurarbeit in allen Gangarten und gezieltem Gymnastizieren ist da die Rede. Und viele der genannten Übungen ähneln ganz verdächtig den Großpferde-Reitlehren.

Ein schlechter Lehrer wird Ihnen vielleicht innerhalb einer halben Stunde beibringen können, wie man einen Isländer durch simples Zerren am Zügel in verspannter Haltung in den Tölt jagt. Was Sie dabei lernen ist schlicht Folgendes: Schlecht reiten können Sie auf jedem Pferd und in jeder Gangart! Aber das wollen Sie ja ganz sicher nicht.

❖

Wenn Sie als Umsteiger zum ersten Mal Reitunterricht auf einem Islandpferd haben, dann geschieht dies entweder auf einem normalen Reitplatz oder auf einer so genannten Ovalbahn, das ist eine mindestens 250 Meter lange Reitbahn. Die Steigbügel mussten Sie ganz lang schnallen. Sollten Sie vielleicht ausgerechnet bei den Isländern den Sitz mit langem Bein erlernen, den Ihnen auch Ihr alter Großpferdereitlehrer immer gepredigt hat?

Sie sind schon mächtig gespannt, denn gleich werden Sie zum ersten Mal den Tölt erleben. Aus Erzählungen wissen Sie bereits, dass dies eine traumhafte Gangart im Viertakt ist, bei der der Reiter nahezu erschütterungsfrei im Sattel sitzen soll. Ganz bequem und mühelos. Zunächst weist Ihr Reitlehrer Sie aber an, eine Runde zu traben. Nichts leichter als das, denken Sie, denn traben haben Sie bei den Großpferden zur Genüge gelernt. Statt anzutraben, verfällt Ihr Isländer dann aber in eine merkwürdige schaukelnde Gangart. Tölt? Nein, Ihr Reitlehrer weist Sie ganz indigniert darauf hin, dass Ihr Pferd jetzt „Schweinepass“ ginge. „Was um Himmels willen ist das?“, denken Sie, aber noch bevor Sie den Gedanken zu Ende gedacht haben, spüren Sie plötzlich doch Trabbewegungen unter sich und werden vom Reitlehrer gelobt. Nun gut, denken Sie, lassen wir das mal auf sich beruhen. Dann wird es ernst! Der Reitlehrer kündigt an, dass Sie nun tölten sollen, nennt Ihnen die nötigen Hilfen und ... „Schweinepass“. Schon wieder. Dann wieder so etwas Ähnliches wie Trab, ein halber Galoppsprung, Sie verlieren die schönen langen Steigbügel – und schließlich ... „Schweinepass“.

Sie sind ratlos.

Tja, was Sie da gerade erleben, ist ein Gangartenmischmasch, von dem viele Isländerreiter ein trauriges Lied singen können. Leider bietet das Islandpferd seinem Reiter nämlich nicht von alleine vier oder fünf klar voneinander abgegrenzte Gangarten an, wie man das so aus den Werbeprospekten der Isländerzüchter kennt. Nein, es gibt unglaublich viele Zwischentöne wie Trabtölt und Passtölt und als Garnitur noch eine Galopprolle dazu. Außerdem weigern sich manche Tölter schlicht ganz zu traben, und manche angeblichen Tölter traben zwar und gehen auch mal Passtölt (sprich: Schweinepass) aber keinen taktklaren Tölt. Wenn Sie eindeutige Gangarten wollen, dann müssen Sie die schon richtig „rausreiten“! Und das dürfte Ihnen als Gangpferdeanfänger auf einem verrittenen Schulpferd jetzt erst mal nicht so leicht fallen. Puh, das hatten Sie sich einfacher vorgestellt, nicht wahr? War wohl nichts mit Isi-Riding.

Wenn Ihnen die Sache mit den Isländern ernst ist, dann üben Sie jetzt, bis Sie's irgendwann können. Oder bis Sie mal zufällig einen Tölter unter den Hintern kriegen, der sich nicht lange bitten lässt, bis er Ihnen seine Spezialgangart vorführt. Dann werden Sie vielleicht wirklich vom Töltfieber gepackt und können sich nicht vorstellen, jemals wieder einen Nicht-Tölter zu reiten. Falls nicht, nun, dann ist es keine Schande, sich wieder mit drei klar voneinander getrennten Gängen zufrieden zu geben – und dafür ein bisschen höher zu sitzen!

Jetzt trauen Sie sich schon gar nicht mehr, nach dem Rennpass zu fragen, hmm? Schon gut, der Vollständigkeit halber sage ich Ihnen, dass der Rennpass im Gegensatz zum Tölt nicht von allen Isländern beherrscht wird. Daher spricht man auch von Viergängern und Fünfgängern. Der Pass wird nur im Renntempo über kurze Distanzen von einigen hundert Metern geritten. Der aktuelle Weltrekord über die Distanz von 250 m liegt bei 21,10 Sekunden, bei einem Start aus dem Stand, wohlgemerkt. Nicht schlecht, was? Ein Pferd, das Rennpass geht, scheint wirklich fast zu fliegen – und ist unter Garantie ein heißer Ofen! Bevor Sie sich da drauf wagen, sollten Sie erst mal tölten lernen!

❖

Beim ersten Besuch eines Isländerturniers fällt einem als Großpferdereiter sofort die vergleichsweise entspannte Atmosphäre auf. Für die Turnierpferde sind Paddocks abgesteckt worden, auf denen sie sich zwischen den einzelnen Prüfungen tummeln dürfen. Ihre Besitzer kampieren häufig im Zelt direkt neben ihren Pferden. Die ganze Szenerie strahlt fast so etwas wie Ferienstimmung aus.

Trotzdem bleibt ein Turnier natürlich ein Turnier, und wer daran teilnimmt, möchte auch gerne gewinnen oder wenigstens einen guten Platz belegen. Deswegen werden Ihnen auch hier nicht wenige angespannte Mienen begegnen.

Bei den Wettbewerben handelt es sich größtenteils – wie könnte es anders sein – um Töltprüfungen, die auf der Ovalbahn stattfinden. Ein unbedarfter Szeneneuling könnte schon etwas konsterniert sein, wenn er feststellt, dass es bei vielen als besonders schwierig bezeichneten Aufgaben lediglich darum geht, sein Pferd ein paar Minuten lang in einer einzigen Gangart um die Bahn zu reiten. Da Sie aber mittlerweile gelernt haben, dass die ganze Tölterei gar nicht so einfach ist und Ihr Reitlehrer schon jeden einzelnen Töltschritt bejubelt, den Sie aus Ihrem Schulpferd herauslocken können, beobachten Sie andächtig, wie so mancher Turnierkracher völlig taktklar und mit spektakulärer Aktion der Vorderbeine hier seine Bahnen zieht.

Wie machen diese Profis das nur?, denken Sie mit einem anerkennenden Kopfschütteln. Tja, die meisten werden es wohl so machen wie jeder gute Reiter, der ein talentiertes Pferd unter dem Sattel hat: mit ausdauerndem Training, viel Gefühl und der richtigen Technik. Es gibt allerdings auch schwarze Schafe, die weniger feine Methoden anwenden.

Einigen Trainern wird nachgesagt, dass sie ihren Pferden den turniertauglichen Tölt mehr durch mechanische Hilfsmittel aufzwingen, denn durch gute Reiterei beibringen.

Auch wenn es sich hierbei hoffentlich um Ausnahmen handelt, scheinen diese Vorkommnisse mal wieder zu beweisen, dass der Leistungssport immer wieder die schlechtesten Seiten im Reiter zum Vorschein bringt – egal in welcher Reitweise.

Während Sie noch ein bisschen über den Turnierplatz schlendern, bemerken Sie, dass die Unterschiede zwischen den verschiedenen Reiterszenen oft nur in Nuancen bestehen. Statt Jack-Russel-Terriern wie bei den Großpferden, tummeln sich hier zum Beispiel Islandspitze, die Geländewagen und Pferdehänger sind mit Töltern beklebt und nicht mit Dressur- oder Springpferden, und statt glatten schwarzen Lederreitstiefeln gelten hier eben geschnürte braune Camarguestiefel als der letzte Schrei. Aber geklatscht und getratscht, Erfahrungen ausgetauscht und in Reiteranekdoten geschwelgt wird hier wie da. Schade eigentlich, dass man das so selten mal gemeinsam macht!

Westernreiten

Pleasure and pain

Wenn Sie anfangen, sich über das Westernreiten zu informieren, dann ist das ein bisschen so, wie die Speisekarte im Kentucky Fried Chicken zu studieren. Sie werden mit einer unüberschaubaren Fülle von englischen Begriffen konfrontiert, ohne zu wissen, ob sich dahinter nun eine Spezialität oder doch nur ein langweiliger Hamburger verbirgt.

Kennen Sie zum Beispiel die Bedeutung von Ausdrücken wie Reining, Roll Back, Western Pleasure, Square Halt, Back Through oder Sliding Stop? Wissen Sie, wozu man Rigging, Swell Fork, Split Reins, Tie Strap oder Snaffle Bit braucht? (Noch Pommes dazu?) Ist Ihnen klar, dass mit Weight Aids keine schwerwiegende Immunschwäche, sondern die Gewichtshilfen des Reiters gemeint sind? Nein? Das sind alles böhmische Dörfer für Sie? Tja, dann sind Sie ganz klar ein Rookie.

Und Leute, die so reden, bezeichnen allen Ernstes andere als Englischreiter!

Bekanntermaßen hat das Westernreiten seine Ursprünge in Amerika als Reitweise der Rinderhirten, auch Cowboys genannt, die an einem Arbeitstag oft mehr als acht Stunden im Sattel verbracht haben. Es handelt sich also um eine Arbeitsreitweise, die für den Reiter möglichst bequem und kräftesparend sein soll, damit er sich währenddessen um seine eigentliche Aufgabe, nämlich den Viehtrieb, kümmern kann. Daher muss das gut ausgebildete Arbeitspferd in der Lage sein, seine Aufgaben auch ohne permanente Einwirkung des Reiters zu erfüllen, der ja wie gesagt Besseres zu tun hat, als ständig sein Pferd anzutreiben. Das

Ergebnis dieser Anforderungen ist eine Gebrauchsreiterei mit langen Zügeln und entspannt in den Steigbügeln ruhenden Reiterbeinen, die keinen ständigen Kontakt zum Pferdeleib haben. Der Reiter wirkt nur auf das Pferd ein, wenn er etwas Neues, z.B. einen Tempo- oder Richtungswechsel, von ihm verlangt, ansonsten bleibt er passiv. Das Pferd wiederum führt das Gewünschte so lange aus, bis der Reiter eine neue Hilfe gibt. Diese Art des Reitens mit minimaler Einwirkung nennt man auch Impuls- oder Signalreiten.

Obwohl das alles sehr mühelos klingt, ist auch diese Art des Reitens nicht einfacher zu erlernen als andere und nur durch eine jahrelange konsequente Ausbildung von Reiter und Pferd zu erreichen. Auch hat das Westernreiten kein Monopol auf das Signalreiten. Die Gangpferdereiter bedienen sich auch gerne dieser Methode und im Prinzip könnte man Dressur- oder Springpferde ebenfalls auf diese Weise ausbilden – auch wenn Letzteres selten geschieht.

Warum entschließen sich nun Menschen hierzulande, das Westernreiten zu erlernen oder von der herkömmlichen Reitweise darauf umzusteigen? Selten ist der Grund dafür die Begeisterung fürs Kühe hüten oder Lasso werfen, obwohl der eine oder andere sicher gegen ein bisschen Cowboyromantik nichts einzuwenden hat. Die meisten Reiter suchen aber lediglich eine entspannte Reitweise fürs Gelände. Allerdings sollte man tunlichst nicht dem Irrglauben verfallen, dass ein Westernsattel, ein Stetson auf dem Kopf und durchhängende Zügel jeden sofort zum Westernreiter machen. So finden Sie als Umsteiger auch in einer Westernreitlehre altbekannte Dressurübungen wieder und müssen feststellen, dass im Cowboysattel nicht alles einfacher, sondern einfach nur anders funktioniert. Und für einen Umsteiger kann es regelrecht harte Arbeit bedeuten, sich jahrelang eingeübte Bewegungsmuster, wie beispielsweise das ständige Treiben mit den Schenkeln, wieder abzugewöhnen, weil ein Westernpferd mit dieser Hilfe nichts anfangen kann und darauf unter Umständen auch sehr heftig reagiert. Also schon wieder nichts mit „easy riding".

Westernreiten ist übrigens nicht alleine eine Reitweise für Freizeitreiter. Auch der Turniersport erfreut sich zunehmender Beliebtheit. Auf einem Westernturnier bekommt man eine Vielzahl unterschiedlicher Disziplinen zu sehen. Manche davon haben ihre Wurzeln ganz eindeutig in der Rinderarbeit der Cowboys, und es ist schon beeindruckend zu sehen, wie ein gutes Westernpferd perfekt ausbalanciert schnelle Drehungen und abrupte Stops absolviert.

Bei anderen Darbietungen steht ohne Zweifel der Showaspekt im Vordergrund, was man alleine schon am besonders aufwändig verzierten Sattelzeug und der – mit Verlaub – teils ziemlich übertriebenen Kostümierung der Reiter erkennt. Reitermoden sind aber natürlich Geschmackssache. Ernst wird es erst, wenn man auch bei den Pferden zu zweifelhaften Verschönerungsmaßnahmen greift. Eine entsetzliche Unart bei amerikanischen Horse-Shows ist das so genannte „Clipping". Darunter versteht man das Ausrasieren der Ohren und das Entfernen der Haare an Nüstern und Augen. Mit dieser Rasur beraubt man die Pferde ihres Tastsinns im Gesichtsbereich und die Ohren ihres natürlichen Fellschutzes. Das ist nichts anderes als Tierquälerei! Zum Glück sind diese Praktiken in Deutschland tierschutzrechtlich verboten – und man fragt sich unwillkürlich, was das für Horsemen sind, die derlei in Amerika zulassen.

Der Begriff des Horsemanship für eine pferdefreundliche Reitweise und einen fairen Umgang mit dem Pferd kam vor nicht allzu langer Zeit aus eben jenem Ursprungsland der Westernreiterei zu uns. Und weil das englische Wort so gut klingt, war man schnell bereit zu vergessen, dass es im alten Europa schon seit Jahrhunderten große Reitmeister gab, die für eine respektvolle und korrekte Behandlung der Pferde plädierten. Die alten Cowboys dagegen haben ihre Pferde früher ganz sicher nicht mit Flüsterei zugeritten, und es ist kein Zufall, dass im Wilden Westen ein eingerittenes Pferd als „Broke" (von „to break" = brechen) bezeichnet wird. Sicherlich ist es schön, wenn nun auch die einstmals so harten Cowboys eine sanftere Art der Pferdeausbildung bevorzugen, aber wirklich neu ist das nicht.

Aber auch wenn die Westernreiter das Rad bzw. das Reiten nicht neu erfunden haben, ist es doch eine gute Sache, dass es sie auch in Deutschland gibt. Das Bewusstsein dafür, dass es verschiedene Ansätze gibt, mit Pferden zu arbeiten und die Möglichkeit, je nach Neigung unterschiedliche Wege einzuschlagen, ist viel wert. Außerdem belebt Konkurrenz bekanntlich das Geschäft – auch wenn der Westernreiterverband seit einiger Zeit der FN angeschlossen ist.

Es wäre natürlich utopisch zu glauben, dass man den engstirnigen Vertretern der einen wie der anderen Reitweise den Glauben an die eigene Unfehlbarkeit jemals austreiben könnte – aber auch die fühlen sich mit einem eindeutig definierten Feindbild gleich viel wohler. So hat also doch jeder etwas vom großen Reiterpluralismus.

Haben Sie eigentlich in letzter Zeit mal wieder ins Internet geguckt? Was tut sich denn so in Ihrem „Englisch oder Western"-Forum? Eine ganze Menge, nehme ich an. Langweilig wird der große Reitweisenstreit bestimmt nicht so schnell werden!

Freizeitreiten

Viel Lärm um nichts

Ein Freizeitreiter ist jemand, der in seiner Freizeit reitet. Das jedenfalls ist die ursprüngliche Wortbedeutung eines der überstrapaziertesten Begriffe der modernen Reiterei. Reiter aus allen Lagern finden es immer wieder wahnsinnig interessant, neue Bedeutungen in den Begriff „Freizeitreiten" hinein zu geheimnissen. Meist geschieht das, um sich selbst von diesem unliebsamen Etikett abzugrenzen, denn lange Zeit galten Freizeitreiter als die weniger ernst zu nehmenden Reiter, quasi als die Kochlöffeltruppe der deutschen Reiterzunft.

Ich versuche mich jetzt auch einmal an einer weitschweifigen Definition dieses eigentlich so eindeutigen Wortes:

Ein Freizeitreiter ist jemand, der weder sein Geld mit der Reiterei verdient, noch am Turniersport interessiert ist, der aber nichtsdestotrotz viel Wert auf gutes, pferdefreundliches Reiten legt. Außerdem ist er nicht dogmatisch veranlagt und lässt neben seiner eigenen Reitweise auch noch andere gelten, ja, er geht gelegentlich sogar so weit, Anregungen von Vertretern anderer Reitstile zu übernehmen. Selbstredend pflegt er wie jeder andere Reiter seine merkwürdigen kleinen Spleens, schadet damit aber weder sich noch seinem Pferd und ist alles in allem für Mensch und Tier ein gut erträglicher Zeitgenosse.

Zugegeben, das ist eine Idealvorstellung. Aber man darf doch wohl noch Träume haben, oder etwa nicht? Außerdem haben Reiter, die in einer turniersportgeprägten Gegend bestenfalls belächelt und schlimmstenfalls naserümpfend abqualifiziert werden, allein dafür schon ein paar Sympathiepunkte verdient. Darüber hinaus ist der Begriff „Freizeitreiter“ aber auch so herrlich unprätentiös. Und ein guter Reiter, der sich selber so bescheiden tituliert, ist doch allemal besser als ein herumgurkender Schleifenjäger, der einen sofort mit Leistungsklassen und Prüfungsnoten erschlägt, wenn man ihn nach seinen reiterlichen Ambitionen fragt.

Den Bodensatz der Szene bilden dagegen einige Selfmade-Horsemen, die hinter dem harmlosen Begriff „Freizeitreiter“ ein erschreckendes Ausmaß an Unwissenheit verbergen. Grundsätzlich ist ja nichts gegen Autodidakten zu sagen. Es ist sicher oft besser, mit seinem Pferd auf eigene Faust eine ganz individuelle Form des Umgangs zu finden, als Mensch und Tier in einer schlechten Reitschule auf ein mieses Einheitsniveau schleifen zu lassen. Und es ist auch kein Verbrechen, seinen Haflinger mit Westernsattel zu reiten, weil der ihm einfach am besten passt, ohne sich für die höheren Weihen der Westernreiterei zu interessieren. Gefährlich wird der wilde und freie Freizeitreiter erst, wenn er im naiven Überschwang Fehler begeht, die schon durch ein Mindestmaß an reiterlichem Grundwissen vermeidbar gewesen wären. Zum Beispiel, wenn er seinem Pferd eine gebisslose Zäumung gönnt, weil er diese für so besonders sanft hält, die aber in Wirklichkeit bei unsachgemäßer Handhabung durchaus geeignet ist, dem Tier das Nasenbein zu brechen. Oder wenn er seinem Pferd fröhlich und wohlmeinend eine schmerzhafte und sogar lebensbedrohliche Hufrehe anfüttert. Solche Missgriffe kommen weniger häufig vor, wenn man trotz aller Ungebundenheit auch mal jemanden fragt, der sich wirklich auskennt, zum Beispiel auf Kursen oder Reitertreffs. Ganz Kontaktscheue können es ersatzweise auch mit einem guten (!) Buch versuchen. Ganz sicher will niemand seinem

Freizeitpartner Pferd absichtlich Schaden zufügen – mangelnde Kenntnisse in punkto Reiten und Pferdehaltung sollten nicht der Grund dafür sein.

Der größte Interessenverband für Reiter, die nicht am Leistungssport interessiert sind, sondern die Reiterei als naturverbundene Freizeitbeschäftigung mit Gleichgesinnten sehen, ist die „Vereinigung der Freizeitreiter und -fahrer in Deutschland e.V." (VFD). Von Mitgliedern der VFD werden zum Beispiel Wanderritte oder Reit- und Fahrkurse für Reiter aller Pferderassen und Reitweisen organisiert und in jeder Region gibt es so genannte Reiterstammtische, auf denen Erfahrungen ausgetauscht werden oder einfach nur der Geselligkeit gefrönt wird.

Aber ob Sie sich nun einem solchen Interessenverband anschließen wollen oder auch nicht, sorgen Sie dafür, dass Sie zu den Freizeitreitern gehören, die dem Begriff eine positive Bedeutung geben, indem Sie Ihr Hobby entspannt aber dennoch verantwortungsbewusst ausüben, frei von übertriebenem Ehrgeiz, aber auch ohne himmelschreiende Naivität. Sie wollten doch immer schon zu den Guten gehören, oder?

Die Reitbeteiligung

Selbstständig reiten

Ein Leben reicht nicht aus, um das Reiten zu erlernen. So lautet jedenfalls ein populärer Reiterspruch aus alten Tagen. Trotzdem werden Sie als Schulreiter irgendwann an den Punkt gelangen, an dem Sie glauben, dass Ihr Schulbetrieb Ihnen nichts Neues mehr bieten kann. Je nach Begabung, Mut und Ehrgeiz kann das ein paar Jahre oder auch ein paar Jahre länger dauern, aber passieren wird es ganz bestimmt. (Gut, auch in der Reitschule gibt es die ewigen Sitzenbleiber, die es nie lernen werden und die sich sehr gut jahrzehntelang damit beschäftigen können, es nie zu lernen – und nach der Reitstunde in der Kneipe ihren Reitlehrer mit sterbenslangweiligen Reitanekdoten zu nerven. Zu denen gehören Sie aber hoffentlich nicht.)

Die Gründe für den Entschluss, sich endgültig vom Schulbetrieb zu verabschieden, können ganz unterschiedlich sein. Ein ambitionierter Reiter, der eine Turnierkarriere anstrebt, wird irgendwann ein gut ausgebildetes Pferd brauchen, mit dem er auch in höhere Leistungsklassen aufsteigen kann. „Bye, bye, Schulbetrieb!“

Manch einer, der die Grundlagen der Reiterei eigentlich nur erlernen wollte, um anschließend im Gelände zu reiten, wird sich nach Erlangung einer gewissen Sattelfestigkeit nach Alternativen zum ewigen Hallenreiten umsehen. „Tschüss, Ihr alten Abteilungskumpels, war schön mit Euch!“

Dann gibt es auch noch spezielle Idealisten, die das Elend der Schulpferde einfach nicht mehr mit ansehen wollen. Jeder, der einige Jahre regelmäßig im Schulbetrieb reitet, wird etliche Schulpferde kommen und wieder gehen sehen. Die wenigsten dieser Pferde kündigen ihren Job, weil sie was Besseres gefunden haben. Was Besseres als den Tod gibt es für ausgediente Schulpferde nämlich leider sehr häufig nicht. Und wenn ein Pferd nach jahrelanger Überlastung völlig verschlissen wurde, ist es noch dazu fraglich, ob man ihm mit einem Lebensabend auf irgendeinem obskuren Gnadenhof überhaupt einen Gefallen tun würde. Also wandern die ausgemusterten Lehrpferde oft aus ihrer dunklen Einzelzelle direkt zum Abdecker. Brrrr, wenn Sie so was als Schulreiter ein paar Mal mitgekriegt haben, drängt sich Ihnen schon irgendwie das Gefühl auf, dass Leichen Ihren Weg pflastern. Also brechen Sie auf zu neuen Ufern, um zu sehen, ob es nicht doch irgendwo in der Pferde- bzw. Reiterwelt die glücklichen Rösser auf grünen Weiden mit weißen Holzzäunen gibt, von denen Sie schon immer geträumt haben. Sie rufen Ihren alten Kameraden noch einen letzten Gruß zu: „Macht's gut, ich mach's jetzt besser!" Und dann machen Sie sich schleunigst vom Acker.

So weit, so gut. Aber was jetzt?

Vielleicht liebäugeln Sie ja bereits mit dem Plan, sich ein eigenes Pferd zu kaufen. Wenn Sie einen guten Rat hören wollen: Lassen Sie sich damit noch Zeit! Zweimal in der Woche unter Anleitung eines Reitlehrers auf Schulpferden zu reiten, bereitet Sie nicht annähernd auf den Alltag eines Pferdebesitzers vor. Sind Sie überhaupt schon jemals ohne Aufsicht geritten, in der Reitbahn oder gar im Gelände? Was wissen Sie denn schon von Pferdepflege, die über das Abstauben vor dem Reiten hinaus geht? Haben Sie irgendeine Ahnung von Pferdekrankheiten, richtiger Fütterung oder dem optimalen Hufschutz? Wenn nicht, dann können Sie natürlich trotzdem ins kalte Wasser springen und sich ein Pferd kaufen. Die wenigsten Verkäufer scheren sich auch nur im Geringsten darum, ob der Käufer etwas von Pferdehaltung versteht. Und unter Umständen kommen Sie ja mit der Hilfe von erfahreneren Pferdefreunden, etwas Fachliteratur und der Methode „learning by doing“ ganz gut zurecht. Das ist nicht vollkommen auszuschließen. Sie werden sich aber ganz sicher einigen Anfängerstress als Pferdeerstbesitzer ersparen können, wenn Sie vorher mit den Pferden anderer Leute üben. Mein Tipp: Suchen Sie sich erst mal eine Reitbeteiligung!

Bei einer Reitbeteiligung haben Sie die Möglichkeit, in begrenztem Umfang selbstständig zu reiten und für ein bestimmtes Pferd verantwortlich zu sein. Sie schließen mit dem Besitzer des Pferdes eine Vereinbarung – in Vertragsform oder auch durch eine formlose Absprache –, dass Sie sein Pferd an bestimmten Tagen in der Woche reiten und versorgen dürfen. Dafür erhält der Besitzer von Ihnen einen Kostenbeitrag zur Stallmiete und/oder Ihre Mithilfe bei anfallenden Arbeiten rund ums Pferd, wie zum Beispiel Ausmisten oder Füttern. Die ganze Sache ist also ein Deal, von dem jeder etwas hat. Könnte man zumindest meinen.

Ihre Chancen, eine gute Reitbeteiligung zu finden, sind größer, je besser Sie reiten können. Verständlicherweise möchten die wenigsten Pferdebesitzer, dass ein Anfänger auf ihrem wertvollen Ross seine ersten ungelenken Übungen macht. Aber dafür waren Sie ja in der Reitschule, mittlerweile sitzen Sie schon recht sicher zu Pferde. Sie könnten also einen kleinen Text entwerfen, in dem Sie sich und Ihre reitspezifischen Wünsche beschreiben. Das wird dann ungefähr so aussehen:

> Suche Reitbeteiligung für ca. 2 x pro Woche im Raum XY. Reite seit drei Jahren regelmäßig. Interessiere mich besonders für Dressur- und Geländereiten, auch Teilnahme an Reitunterricht wäre schön. Biete absolute Zuverlässigkeit, Kostenbeteiligung und/oder Mithilfe im Stall.
> Bitte melden unter Tel. …

Jetzt haben Sie mehrere Möglichkeiten, Ihr Gesuch unter die Leute zu bringen. Zum Beispiel könnten Sie Handzettel ausdrucken und diese in Reitställen Ihrer Wahl ans schwarze Brett hängen. Diese Methode ist allerdings etwas unsicher, da manche Betriebsleiter solche Zettel aus irgendwelchen ominösen Gründen gerne sofort wieder entfernen.

Eine andere Alternative wäre das gute alte Internet. Es gibt mittlerweile eine unüberschaubare Anzahl von Pferdeseiten und tierischen Diskussionsforen, und in fast allen existiert auch die Rubrik „Reitbeteiligung". Dort eine Anzeige aufzugeben, ist meist kostenlos und Sie erreichen damit eine Vielzahl vernetzter Reiter und Pferdebesitzer. Der Nachteil bei etlichen dieser virtuellen Kleinanzeigenforen ist aber die Tatsache, dass die Anzeigen nicht regional sortierbar sind. Und wenn man sich eine halbe Stunde durch Unmengen von Inseraten gescrollt hat, nur um festzustellen, dass alle wirklich gut klingenden Angebote aus zu weit entfernten Gegenden stammen und somit doch wieder uninteressant sind, lässt man diese Art der Suche vielleicht frustriert wieder bleiben. Ihr Gesuch könnte also durchaus in den Weiten des World Wide Web verschütt gehen!

Gut, dass es die regionalen Anzeigenblätter gibt. Wenn Sie dort eine Anzeige aufgeben, wissen Sie, dass Sie gezielt Interessenten aus Ihrer Gegend ansprechen. Deshalb – und weil die Anzeigen meist nichts kosten – sind diese Blättchen in den letzten Jahren auch wirklich ein beliebter Marktplatz für Reitbeteiligungen geworden.

Was könnte Ihnen nun schlimmstenfalls nach Veröffentlichung Ihrer Anzeige passieren? Sie meinen, Sie könnten enttäuscht sein, weil sich niemand meldet? Falsch! Im schlimmsten Falle zucken Sie irgendwann jedes Mal entsetzt zusammen, wenn das Telefon klingelt – weil sich nämlich unzählige Interessenten bei Ihnen melden, die Ihnen ihre Pferde wie Sauerbier anbieten. Sie kommen sich schon ganz undankbar vor, wenn Sie wieder ein Angebot für ein vernachlässigtes Pony ablehnen, das bei einem genervten Opa in der Garage wohnt, seit die Enkelin zum Studieren in die Stadt gezogen ist. Ganz zu schweigen von dem armen, lungenkranken Vollblüter, den eine nette Frau von der Rennbahn gerettet hat, der aber außer Renngalopp noch keine andere Gangart beherrscht. Dann war da noch der ausrangierte Turnierkracher, der früher sogar S gegangen ist und deswegen natürlich auch eine saftige Kostenbeteiligung von 100 EUR wert ist, den Sie aber leider lahmheitsbedingt für das nächste halbe Jahr nur im Schritt bewegen dürfen, wenn überhaupt.

Wo sind denn nun all die netten Besitzer, die ihre feinen Pferdchen in schönen Ställen untergebracht haben? Besser gesagt, warum melden die sich nicht bei Ihnen? Es müsste doch jeder froh sein, so eine patente und zuverlässige Reitbeteiligung wie Sie zu finden und zwei Tage in der Woche mal Zeit für andere Dinge als Reiten und Pferdepflege zu haben.

Rrrrring! Ja, warum gehen Sie denn gar nicht ans Telefon?

Wenn Sie dieses Trauerspiel und die damit verbundenen peinlichen Absagegespräche mit den verständnislosen Besitzern vermeiden wollen, sollten Sie die Sache mit der Reitbeteiligung lieber von der anderen Seite aufzäumen. Statt selber eine Anzeige aufzugeben, melden Sie sich auf Angebote, die Sie in den oben beschriebenen Quellen finden können. Die Texte dieser Anzeigen sind zum Teil nämlich sehr aufschlussreich, und Sie können schon beim Lesen eine vernünftige Vorauswahl treffen, damit Ihnen die schlimmsten Reinfälle erspart bleiben.

Hier einige Beispiele:

Ich heiße Gismo und bin ein 12 Jahre alter Oldenburger. Ich bin lieb und verschmust und gehe gerne ins Gelände. Ich suche eine nette Reitbeteiligung, die sich zweimal in der Woche um mich kümmert. Bitte ruf mein Frauchen an, ich freue mich schon auf Dich!

Puuuh ... Da hier nicht Mr. Ed, das sprechende Pferd aus der gleichnamigen Fernsehserie, in die Tasten gegriffen hat, kann es nur Gismos Frauchen gewesen sein. Und die hat garantiert eine mittelschwere Bewusstseinstrübung. Würde ich an Ihrer Stelle nicht anrufen, die könnte gefährlich sein!

RB gesucht für 7-jährigen Hannoveraner von Landlord. Dressurmäßig bis L ausgebildet, Potenzial für mehr. Für Reiter (mindestens A-Niveau) mit Erfahrung und der nötigen Konsequenz. Turnierteilnahme erwünscht. Kostenbeteiligung. Ab 18, keine Anfänger, keine Freizeitreiter.

Alles klar. Nichts für Sie. Hier wird im Grunde ein Profi gesucht, der das Pferd trainiert und turniermäßig vorstellt – und dann auch noch dafür zahlt, anstatt bezahlt zu werden. Selbst wenn Sie so gut reiten würden, was Sie nach drei Jahren Schulbetrieb aber selbstredend nicht tun, sollten Sie die Finger davon lassen. Klingt doch sehr unsympathisch!

Suche Reitbeteiligung für lieben 17-jährigen Wallach. Wegen Arthrose nur noch eingeschränkt reitbar, soll aber regelmäßig bewegt werden. Im Gelände eine Lebensversicherung. Steht in Offenstall. 3 – 4 × pro Woche gegen Mithilfe bei der Stallarbeit. Keine weiteren Kosten.

Tun Sie es nicht! Ja, mir tut das Pferd auch Leid. Es kann ja auch nichts dafür, dass es Arthrose hat. Und auch nichts dafür, dass Herrchen oder Frauchen was Besseres zu tun haben, als ihr leider nicht mehr so leistungsfähiges Pferd spazieren zu reiten, bzw. seinen Mist wegzuräumen. Wenn Sie so eine soziale Ader haben, dann warten Sie, bis Ihr eigenes Pferd, das Sie eines Tages haben werden, älter wird bzw. Gebrechen hat. Und dann seien Sie so gut und kümmern sich selber darum!

Reitbeteiligung für 12-jährige, brave Westfalenstute gesucht. Freizeitmäßig geritten. Halle, Platz und schönes Ausreitgelände vorhanden. Teilnahme an Reitunterricht möglich. 2 × pro Woche, Kostenbeteiligung 50 EUR.

Bingo! Das könnte doch tatsächlich was für Sie sein! Rufen Sie auf alle Fälle mal an und vereinbaren Sie einen Kennenlerntermin. Dann können Sie auch herausfinden, was dieser Pferdebesitzer mit „freizeitmäßig" (dehnbarer Begriff, Sie erinnern sich?) meint und ob neben Halle, Platz und Gelände auch noch genügend Auslaufmöglichkeiten fürs Pferd vorhanden sind. (Sie wollten doch keine Knasthaltung mehr unterstützen, oder?) Vielleicht werden Sie bald schon selbstständig reiten können! Ihre Chancen stehen nicht schlecht.

❖

Es ist ja so eine Sache mit der Selbstständigkeit. Ist man daran gewöhnt, dass einem ständig jemand sagt, was man zu tun oder zu lassen hat, dann ist man ziemlich hilflos, wenn man plötzlich eigene Entscheidungen treffen soll. Da geht es dem Reitschüler nicht anders als dem Schulpferd: Von den Zwängen des Schulbetriebs befreit, ist die Verwirrung zunächst einmal groß – und man ist geneigt, sich in die geordneten Bahnen des Schulunterrichts zurückzuwünschen.

Es fängt schon damit an, dass Sie, um eine Reitbeteiligung zu bekommen, einem kritischen Pferdebesitzer beweisen müssen, dass Sie passabel reiten können. Bislang haben Sie vielleicht geglaubt, die größte Hürde bestünde darin, ein umgängliches Pferd mit einem Besitzer ohne geistigen Totalschaden zu finden. Weit gefehlt! Jetzt müssen Sie zeigen, was Sie in den letzten Jahren gelernt haben – und ob Sie in der Lage sind, dieselbe Leistung auch ohne Anleitung eines Reitlehrers und auf dem Rücken eines fremden Pferdes zu erbringen. Eine durchaus stressige Situation!

Nebenbei bemerkt: Zwar sind die meisten Pferdebesitzer kritisch und gründlich bei der Auswahl einer Reitbeteiligung, aber noch lange nicht alle. Manch einer ist ganz offensichtlich froh, wenn sich irgendjemand – egal wer! – möglichst oft um den Gaul kümmert und auch noch was dafür zahlt. Ein derart wahl- und damit dem Pferd gegenüber verantwortungsloses Verhalten wirft kein gutes Licht auf den Besitzer. Von so jemandem werden Sie im besten Falle nur lernen, dass man es sich vorher sehr gut überlegen sollte, ob man sich ein Pferd kauft. Auf der anderen Seite sind Sie aber auch eher in Versuchung, einen überstürzten Pferdekauf aus Mitleid zu tätigen. Vorsicht ist geboten!

Ihr Pferdebesitzer gehört aber zur gewissenhaften Sorte. Was nun auch dazu geführt hat, dass Sie reichlich verunsichert auf Ihrem Reitbeteiligungspferd in spe sitzen – nachdem Sie es mit vor Aufregung leicht zittrigen Fingern immerhin schon zur Zufriedenheit des Besitzers geputzt und gesattelt haben – und in der akuten Gefahr schweben, ein reiterliches Blackout zu erleiden. Noch können Sie das Pferd zum Warmwerden am langen Zügel im Schritt gehen lassen, aber in wenigen Minuten müssen Sie die Zügel aufnehmen und etwas machen. Nur was? Niemand ist da, um es Ihnen zu sagen! Vor Schreck sind Sie jetzt schon wie gelähmt und in Ihrem Hirn herrscht gähnende Leere. Die Blamage scheint unausweichlich ...

Halt! Brrr! Gaaaaanz ruhig! Rufen Sie sich bitte einmal folgende Tatsache ins Gedächtnis: Sie sind drei Jahre lang zweimal in der Woche im Schulbetrieb geritten. Und die Reitstunden liefen doch im Prinzip immer nach Schema F ab, oder? Sie waren zwar nicht gezwungen, sich diesen Ablauf bewusst zu merken, weil ja immer der Reitlehrer da war, um jedes Mal die gleichen Anweisungen abzuspulen, aber bei derartig vielen Wiederholungen, ist Ihr Unterbewusstein geradezu gezwungen, sich große Teile des Textes zu merken.

Ahnen Sie, worauf ich hinaus will? Noch nicht so ganz, weil Sie immer noch schreckensstarr sind? Nun gut, dann noch ein kleines Beispiel aus dem Berufsalltag: Wenn Sie bei der Eingabe in ein Textverarbeitungsprogramm nicht mehr weiter wissen, weil Sie die Formatierungsregeln aus der letzten Fortbildungsveranstaltung schon wieder vergessen haben, klicken Sie wahrscheinlich auf das kleine Fragezeichen im oberen Bildschirmbereich und rufen den hilfreichen Office-Assistenten herbei. Dieser gar putzig animierte kleine Kerl hilft Ihnen dann, indem er Ihnen wichtige Tipps zum Umgang mit dem Programm erteilt.

Wie, Sie glauben, ich fasele wirres Zeug? Ganz und gar nicht! Sie sind nämlich durchaus in der Lage, in Ihrem Unterbewusstsein ein Programm – nennen Sie es meinetwegen „Rudi Reiter" – zu aktivieren, das Sie aus Ihrer Hilflosigkeit erlöst, indem es in Ihrem Kopf laut und vernehmlich die unzählige Male gehörten Reitlehrerkommandos wiederholt. „So, jetzt wollen wir mal die Zügel aufnehmen, antraben und zehn Minuten leicht traben, Zirkel und ganze

Bahn ..." Und so weiter, und so weiter. Auf diese Art und Weise werden Sie in der Lage sein, eine dreiviertel Stunde lang ein einigermaßen sinnvolles Reitprogramm zu absolvieren. Und wenn Sie Glück haben, läuft Ihr Pferd auch gar nicht so schlecht, der mit aufmerksamem Blick an der Bande lehnende Besitzer lächelt am Ende Ihrer Darbietung zufrieden und Sie haben die Beteiligung in der Tasche.

Je öfter Sie dann auf sich alleine gestellt reiten, desto mehr Geschmack finden Sie an der Sache. Endlich können Sie zu Pferde tun und lassen, was Sie wollen, ohne dass ständig daran herumgemäkelt wird – wodurch sich Ihre Reiterei natürlich nicht unbedingt zum Besseren verändert. Aber vielleicht haben Sie ja auch Gelegenheit, Unterricht bei einem Privatpferdereitlehrer zu nehmen und erweitern Ihren reiterlichen Horizont auf diese Weise. Oder Sie reiten mit Ihrem Beteiligungspferd in erster Linie aus, zuerst in Begleitung von Stallkollegen und später auch alleine. Nebenbei lernen Sie durch den Umgang mit Ihrem Teilzeitpferd auch einiges über Pferdepflege, mischen diverse Zusatzfutter, halten gelegentlich dem Schmied auf und verabreichen homöopathische Medikamente. Kurz und gut, Sie gewinnen stetig neue Erfahrungen hinzu.

Mal wieder könnte alles so schön sein! Könnte, ist es aber nicht. Wie Sie vielleicht auch schon gelernt haben, wird in der Reiterwelt keine Gelegenheit zum Verdruss ausgelassen. Und so gibt es auch unendlich viele Gründe, woran auch die beste Reitbeteiligung scheitern kann.

Der banalsten Gründe sind wohl, dass der Pferdebesitzer sein Pferd verkauft oder samt Pferd weit wegzieht. Oder aber „Ihr" Pferd wird in einen zwar erreichbaren aber sonst wie indiskutablen Stall verfrachtet, in dem Sie sich überhaupt nicht wohl fühlen, weil es dort kein Ausreitgelände gibt, der Reitlehrer ein Idiot ist oder nur ganz grässliche Leute ein und ausgehen, zu denen Sie so gar keinen

Draht haben. In all diesen Fällen werden Sie wohl weiterziehen und sich irgendwo eine neue Beteiligung suchen, bei der anfangs auch wieder alles ganz Klasse ist. Bis der neue Pferdebesitzer anfängt, Sie permanent für alle Lahmheiten und sonstigen Unpässlichkeiten verantwortlich zu machen, die Ihr Beteiligungspferd in regelmäßigen Abständen befallen. Das stinkt Ihnen ganz gewaltig – zumal Sie sich natürlich unschuldig fühlen – und Sie beginnen schon wieder, Ihre Fühler nach etwas Besserem auszustrecken.

Es ist natürlich auch möglich, dass Sie viele Monate oder gar Jahre Freude an Ihrer Reitbeteiligung haben. Aber je länger Sie dabei sind, desto größer wird auch die Gefahr, dass Sie eine eigene Meinung entwickeln. Und plötzlich gefällt es Ihnen nicht mehr, dass Sie laut Anweisung des Besitzers das Pferd immer mit Halsverlängerer longieren oder mit Schlaufzügeln reiten sollen. Sie haben schließlich irgendwo gelesen, dass man auch ganz anders mit einem Pferd arbeiten kann – und wollen endlich mal Ihre eigenen Vorstellungen verwirklichen. Mag sein, dass eine völlig unbedeutende Begebenheit dann das Fass endgültig zum Überlaufen bringt. Zum Beispiel als Sie sich an einer angeregten Diskussion über Pferdehaltung beteiligen wollen, die mehrere Pferdebesitzer auf der Stallgasse führen und dabei mit dem abfälligen Satz „Was wissen Sie denn davon, Sie sind ja nur eine Reitbeteiligung!“ abgekanzelt werden.

Früher oder später muss es also passieren. Sie wollen kein unmündiger Reiter zweiter Klasse mehr sein. Sie wollen sich nicht mehr mit einem Bruchteil aller Freuden (und Sorgen, und Kosten) des Reiterdaseins zufrieden geben. Sie wollen alles. Sie wollen ...

... ein eigenes Pferd!

Das erste eigene Pferd

Risiko!

Wenn Sie sich entschließen, Ihr erstes eigenes Pferd zu kaufen, dann sind Sie mit Sicherheit ganz schön aufgeregt, schäumen vor Begeisterung und Erwartungsfreude fast über und Ihr Hirn ist bis zum Bersten mit halbgaren Wunschträumen angefüllt.

Ihr Pech, dass der Pferdekauf eine Angelegenheit ist, an die man am besten mit kühlem Kopf, sachlich und möglichst illusionslos herangehen sollte. Es ist also höchste Zeit, Ihnen eine kleine Realitätskunde für Pferdeerstbesitzer nahe zu bringen. Andernfalls kaufen Sie vielleicht schon morgen den ersten besten treuherzig guckenden Vierbeiner aus dem mehr als schlichten Grunde, dass er sofort zum Koppelzaun getrabt kam, just in dem Moment, als Sie dort erschienen sind. Das muss doch wohl Schicksal sein, nicht wahr? Dieses Pferd und Sie sind füreinander bestimmt, oder? NEIN! Dieses Tier wollte nur ein paar Leckerlis abstauben, mehr nicht! Kapiert?

Fangen Sie bitte mit der Pferdesuche gar nicht erst an, bevor Sie sich nicht drei simple Fragen gestellt und beantwortet haben.

1. Welches Pferd wünsche ich mir?
2. Welches Pferd passt zu mir?
3. Welches Pferd kann ich mir leisten?

Wenn Sie die Fragen in genau dieser Reihenfolge abarbeiten, wird sich Ihr Wunschpferd unter Umständen in Sekundenschnelle von einem temperamentvollen schwarzen Rassehengst á la Fury in ein gut ausgebildetes, nervenstarkes Dressurpferd und schließlich in ein kostengünstiges Freizeitpferd ohne Stammbaum verwandeln. Wow, wenn das kein Zaubertier ist!

Keine Angst, ich will Ihnen ja Ihr Traumpferd gar nicht ausreden. Ich will Ihnen nur klar machen, dass Ihr Traumpferd nur ein Pferd sein kann, dass zu Ihnen, Ihrem reiterlichen Können und nicht zuletzt Ihren finanziellen Möglichkeiten passt. Also lassen Sie jede Form von Selbstüberschätzung zu Hause, wenn Sie auf Besichtigungstour gehen und streichen Sie Sätze wie „Ich werde das mit der Zeit schon irgendwie hinkriegen." schleunigst aus Ihrem Repertoire. Ein wunderschönes aber ungebärdiges Pferd, das Sie schon beim ersten Proberitt in den Sand setzt, wird Sie in den seltensten Fällen glücklich machen. Und ebenso wenig nützt Ihnen ein bis in die höchsten Klassen ausgebildeter Kracher etwas, wenn Sie schon alleine für den Anschaffungspreis Ihr Konto bis zum Anschlag überziehen müssen.

Ein vernünftiger Ansatz wäre es, wenn Sie sich überlegen, welche Pferde Ihnen im Laufe Ihrer bisherigen Reiterkarriere am sympathischsten waren. (An diesem Punkt werden Sie bemerken, dass es nur von Vorteil ist, wenn Sie bereits möglichst viele Pferde in der Reitschule, im Urlaub und als Reitbeteiligung geritten haben, bevor Sie sich ein eigenes Pferd kaufen.) Fühlen Sie sich zum Beispiel eher auf einem gemütlichen Pferd wohl, das man auch mal mehr treiben muss, das dafür aber in allen Situationen eine stoische Ruhe bewahrt? Oder mögen Sie lieber Pferde mit einem großen Vorwärtsdrang und sind Sie in der Lage, diesen auch in geregelte Bahnen zu lenken? Können Sie auch mal einen kleinen Hopser oder Buckler gelassen aussitzen oder fangen Sie bei so etwas gleich an zu weinen? Lieben Sie große Pferde oder fühlen Sie sich auf kleinen sicherer? Sind Sie leicht oder schwer, brauchen Sie ein kräftiges Ross oder kann Sie auch ein leicht gebautes Pferdchen tragen? Sehen Sie, Ihr Wunschpferd nimmt langsam konkrete Formen an!

Und dann geht es wieder um das liebe Geld ... Gucken Sie sich mal die diversen Kleinanzeigenforen im Internet an. Unter der Rubrik „Suche Pferd“ werden Sie eine überraschende Anzahl von Gesuchen finden, die mit der Frage „Wer schenkt mir ein Pferd?“ beginnen. Was sind das wohl für Leute, die anscheinend davon ausgehen, es könnte auf dieser Welt großzügige Wohltäter geben, die gute Pferde an wildfremde Habenichtse verschenken? Tja, es gibt sicherlich nichts, was es nicht gibt, trotzdem sollten Sie lieber davon ausgehen, dass auch auf dem Pferdemarkt die guten Angebote selten die billigsten sind – ebenso wie die teuersten nicht immer die seriösesten.

Machen Sie gewissenhaft Kassensturz und Sie werden herausfinden, welche Kaufsumme Sie problemlos bar auf den Tisch legen können, damit immer noch genug übrig bleibt, um als Erstausrüstung einen guten Sattel, Zaumzeug und Zubehörschnickschnack aller Art zu erwerben. Stellen Sie anschließend fest, ob Sie in der Lage sind, die monatliche Stallmiete, Futterkosten und regelmäßig anfallende Beträge für Beschlag, Wurmkuren, Impfungen und Haftpflichtversicherung zu bezahlen – und immer noch genug übrig haben, um einen Notgroschen für eventuell anfallende größere Tierarztrechnungen zurückzulegen. Denken Sie dabei immer daran, dass Ihre eiserne Reserve nicht zu knapp bemessen sein sollte, denn wenn Ihr Pferd zur Behandlung in eine Klinik muss und dort operiert wird, gehen die Kosten ganz schnell in die Tausende!

Habe ich Sie erfolgreich erschreckt? Dann sollten Sie sich vielleicht nach einer neuen Reitbeteiligung umsehen.

Sie sind immer noch Feuer und Flamme für den Pferdekauf? Gratuliere, dann verfügen Sie wohl über ein gesundes Finanzpolster! Aber was steht denn da auf dem Zettel, den Sie gerade so unauffällig hinter Ihrem Rücken verstecken? „Günstiger Sofortkredit“? Ihnen ist offensichtlich nicht zu helfen!

Genug der grauen Theorie, Sie wollen endlich losziehen, um Pferde zu besichtigen! Möglicherweise haben Sie ja in der gängigen Ratgeberliteratur zum Thema den grandiosen Tipp gelesen, dass man als Neuling am besten einen erfahrenen Pferdemenschen bitten sollte, einem beim Pferdekauf hilfreich zur Seite zu stehen. Nun haben Sie zwar den einen oder anderen reitenden Bekannten, der schon länger im Sattel sitzt als Sie und bereits Pferdebesitzer ist, aber richtig begeistert ist keiner von denen, wenn Sie ihn um Hilfe bitten. Klar, den einen oder anderen klugen Ratschlag kriegen Sie schon zu hören, aber mit zu einem Besichtigungstermin fahren oder gar eine konkrete Kaufempfehlung aussprechen will keiner so recht. Seien Sie durch dieses Verhalten bitte nicht übermäßig menschlich verstimmt! Ihre Freunde wollen einfach nur die eigene Haut retten. Keiner von ihnen will verantwortlich dafür sein, dass Sie mit einem kranken, gefährlichen oder sonst wie unbrauchbaren Pferd geschlagen sind.

Und diejenigen, die dann doch anfangen, sich aktiv in Ihre Kaufentscheidung einzumischen, haben unter Garantie einen Hintergedanken dabei. Sie spekulieren auf eine günstige Reitbeteiligung oder einen lukrativen Job als Bereiter oder eine Boxenmiete in ihrem Stall oder – und das sind die Schlimmsten! – auf einen Leidensgenossen, mit dem sie in Zukunft ganz viel über Problempferde und das allgemeine Reiterelend reden können.

Verlassen Sie sich also lieber auf sich selbst und den eigenen gesunden Menschenverstand. Dann wird schon alles schief gehen ...

❖

Wo sollen Sie denn nun nach Ihrem Pferd suchen? Da gibt es einige Möglichkeiten. Beginnen wir mit einer für den gemeinen Freizeitreiter eher abseitigen Variante, nämlich dem Pferdekauf auf der Auktion. Zum ersten, zweiten und dritten werden Sie auf den Pferdeauktionen der deutschen Züchterverbände ein reinrassiges, junges, Ihnen völlig unbekanntes Pferd erwerben können.

Im ungünstigsten Falle haben Sie vor dem Kauf nicht ein einziges Mal auf dem Pferd gesessen. Dafür haben Sie die Gelegenheit, es mit den anderen Auktionsbesuchern zusammen fein frisiert und von einem professionellen Bereiter vorgestellt in der Arena seine Bahnen ziehen zu sehen. Und die Namen seiner Vorfahren der letzten drei Generationen – die Ihnen aber nichts sagen werden – können Sie dem Auktionsprospekt entnehmen.

Auch können Sie dem Prospekt entnehmen, dass die zur Versteigerung stehenden Pferde meist zwischen drei und fünf Jahre alt sind. Machen Sie sich bitte unbedingt klar, dass ein dreijähriges Pferd gerade erst den Kindergarten hinter sich hat und sich ausbildungsmäßig höchstens in der Grundschule befinden kann. Als unerfahrener Reiter sind Sie mit der Ausbildung eines jungen Pferdes absolut überfordert. Noch dämlicher wäre lediglich der Kauf eines Fohlens. Glauben Sie mir, Sie können kein Pferd zureiten. Woher auch? Und zu diesem Zwecke einen Profi zu engagieren, geht gehörig ins Geld. Angesichts der Tatsache, dass

Sie selber noch viel lernen müssen, stehen Sie also definitiv auf der sichereren Seite, wenn Ihr erstes Pferd zumindest schon seinen Grundschulabschluss hat, also mindestens fünf Jahre alt ist.

Der unbestreitbare Vorteil eines Auktionspferdes ist, dass es zumeist direkt vom Züchter, also aus erster Hand kommt. Sie wissen genau, bzw. können es immerhin erfragen, wo bzw. wie Ihr Pferd aufgewachsen ist und welche Ausbildung es bislang genossen hat. Um ein solches Pferd zu kaufen, müssen Sie sich allerdings gar nicht dem Stress einer Auktion aussetzen, sondern können auch direkt mit einem Züchter Kontakt aufnehmen. Wenn er Ihnen ein Pferd verkaufen möchte, wird er Ihnen auch genug Zeit einräumen, Ihr zukünftiges Ross zur Probe zu reiten und kennen zu lernen, und Sie können beim Kauf eventuell auch aushandeln, dass das Pferd so lange beim Züchter verbleibt und trainiert wird, bis es einen bestimmten Ausbildungsstand erreicht hat. Alles in allem ein wesentlich persönlicheres, wenn auch spannungsärmeres Geschäft als die Teilnahme an einer Versteigerung.

Wenn Sie jedoch einfach eine Gelegenheit suchen, sich einige schöne Pferde anzusehen, sind Sie auf einer Auktion gar nicht so falsch. Hüten Sie sich nur unbedingt davor, wenn der Preis eines Pferdes gerade in so schwindelerregende Höhen hochgetrieben wird, dass Sie von den Summen einen ganz trockenen Mund bekommen, Ihrem Begleiter an der Bar per Handzeichen zu signalisieren, dass Sie gerne noch ein Bier hätten. Denn dann könnten Sie unter Umständen die erstaunten Blicke der anderen Zuschauer auf sich gerichtet fühlen und Folgendes zu hören bekommen:

„... zum dritten! Für 50.000 Euro geht dieser herrliche Rapphengst, Bardolino von Bierwurz, an die Dame mit dem dunkelroten Gesicht in der letzten Reihe. Der Telefoninteressent aus Japan wurde in letzter Sekunde überboten! Sensationell! Herzlichen Glückwunsch und allzeit guten Ritt!“

❖

In den bereits zur Genüge bekannten Rubriken der Pferdezeitschriften, in lokalen Anzeigenblättern und im Internet werden Sie eine Fülle von Pferdeverkaufsanzeigen finden. Genau wie bei anderen, nicht lebendigen Waren, kann man zwischen gewerblichen und privaten Angeboten unterscheiden. Anzeigen von professionellen Händlern erkennt man dabei meistens schon an ihren übertrieben blumigen bis schleimigen Formulierungen. Wenn beispielsweise ein flotter, dressurmäßig ausgebildeter dunkelbrauner Wallach als „Sunnyboy im Viereck, in schicker dunkler Jacke, mit viel Gummi und Go“ angepriesen wird, können Sie hundertprozentig sicher sein, dass das Pferd von einem Händler angeboten wird. Mit der Aussage „Für den anspruchsvollen Reiter“ wird dann noch flugs Ihrer Eitelkeit geschmeichelt. Als Preisangabe müssen Sie sich aber vorerst mit einem schlichten „VHB“ zufrieden geben, damit Sie gezwungen sind, mit dem Händler Kontakt aufzunehmen und sich sein Geschwätz anzuhören, nur um festzustellen, dass der astronomische Preis für diesen Sunnyboy für Sie dann doch um einige Tausender zu hoch ist.

Natürlich verkauft ein Pferdehändler nicht nur unerschwinglich teure Pferde. Viele haben aber die lästige Marotte, dass Sie Ihnen unbedingt Ihr angeblich bestes, ganz sicher aber teuerstes Pferd im Stall aufzudrängen versuchen, bevor sie zähneknirschend zugeben, dass sie durchaus auch nicht schlechte und erheblich günstigere Pferde im Angebot haben. Lassen Sie sich also nicht sofort von Aussagen wie „Gleich als ich Sie gesehen habe, war mir klar, dass zu Ihnen nur mein Futuro XL passen kann!" umgarnen, sondern schauen Sie sich gründlich alle Pferde im Verkaufsstall an.

Fairerweise muss man sagen, dass nicht jeder Pferdehändler ein sprichwörtlicher Rosstäuscher ist, der seine Kunden mit Arglist übers Ohr haut. Aber wie jeder Kaufmann ist eben auch der Pferdehändler in erster Linie am eigenen Profit interessiert. Trotzdem sollte ein seriöser Händler dem Käufer wenigstens ein Mindestmaß an ehrlicher Beratung bieten. Wenn Sie bei einem unseriösen Händler gelandet sind, wird dieser Ihnen vielleicht mit nicht geringem schauspielerischen Talent jedes Pferd, auf dem Ihr Blick einen winzigen Moment zu lange geruht hat, als ideales Reittier anpreisen, sei es nun ein zierlicher Arabermix oder ein kapitales schweres Warmblut. In dem Falle stehen Sie und Ihr gesunder Menschenverstand mal wieder ganz alleine da.

Ein Vorteil des Pferdekaufs beim Händler ist, dass Ihnen häufig ein Rückgabe- bzw. Umtauschrecht eingeräumt wird, falls Sie innerhalb eines bestimmten Zeitraumes (meistens sind das sechs Wochen) feststellen, dass Sie mit dem Pferd Ihrer Wahl auf Dauer doch nicht zufrieden sind. Denken Sie nun, dass eine solche Umtauschoption eingedenk der lebendigen Ware doch irgendwie herzlos ist? Dann lassen Sie sich gesagt sein, dass es auf dem Pferdemarkt im Allgemeinen so herzlich und moralisch zugeht wie auf einem antiken Sklavenmarkt. Und zwar egal, ob Sie nun beim Händler oder sonst wo kaufen.

Ein Nachteil des Kaufes beim Händler ist die Tatsache, dass Sie oft nicht sonderlich viel über die Vorgeschichte der Pferde erfahren. Der letzte Vorbesitzer ist zwar meistens bekannt, doch wissen Sie nicht, durch wie viele Hände so ein Verkaufspferd bereits insgesamt gegangen ist, wie es in den letzten Jahren gehalten und behandelt wurde und welche psychischen und körperlichen Schäden ihm seine früheren Besitzer unter Umständen zugefügt haben. Dabei besteht durchaus die Gefahr, dass man jahrelang an einem lieb gewonnenen Vierbeiner herumtherapiert, ohne je zu erfahren, wieso er ein bestimmtes Gebrechen oder eine spezielle Phobie überhaupt jemals entwickelt hat. Und das kann ganz schön frustrierend sein!

Kehren wir aber wieder zu Ihrem Anzeigenblättchen zurück. Es ist ja möglich, dass Sie die Händlerangebote zunächst ganz bewusst überblättern, weil Sie lieber ein Pferd von privat kaufen möchten. Auch gut, aber machen Sie sich bitte klar, dass „von privat" nichts anderes heißt, als „von einem anonymen Menschen, der keinen Gewerbeschein hat und kein professioneller Schwätzer ist". Auch bei dieser Art des Pferdekaufs können Sie also guten und weniger guten Menschen begegnen.

Wenn Sie bei einem Besichtigungstermin einen netten Privatverkäufer treffen, zu dem Sie einen guten Draht finden und der sein Pferd nicht auf Teufel komm raus an jeden x-beliebigen Interessenten verkaufen will, dann wird er Ihnen bereitwillig alle Charakteristika des Pferdes schildern und auch die eine oder andere schlechte Eigenschaft nicht verschweigen. Ebenso wird er Ihnen eine ehrliche Antwort auf die Frage geben, warum er das Pferd überhaupt verkaufen will. Die Standardantwort, dass es sich um das Pferd der Tochter handelt, die nun aber gerade Abitur macht / ihren ersten Freund hat / von sonstigen Pubertätsproblemen geplagt wird und keine Zeit mehr zum Reiten hat, erscheint doch häufig ziemlich fadenscheinig. Und ein paar Wochen nach dem Kauf eines Pferdes, das angeblich aus einem dieser Gründe den Besitzer wechseln sollte, könnte man versucht sein, diesen Stall noch einmal aufzusuchen und zu gucken, ob nicht doch ein jüngeres / braveres / auf dem Turnier erfolgreicheres Pferd in Töchterchens Box steht.

Wenn jemand sein Pferd verkauft, weil er den Reitsport ganz aufgeben will, stellt sich mir unwillkürlich die Frage, warum er das ausgerechnet tut, nachdem er eben dieses Pferd besessen hat. Aber vielleicht denke ich auch nur zu negativ.

Gewissenhafte Menschen, die ihr Pferd zwar aus irgendwelchen Gründen verkaufen wollen oder müssen, aber nicht nach dem Motto „Aus den Augen, aus dem Sinn" handeln, geben es nur gegen einen Schutzvertrag ab. Das ist ein spezieller Kaufvertrag, in dem in Zusatzvereinbarungen bestimmte Nutzungseinschränkungen (z.B. keine Turnierstarts oder kein Einsatz im Schulbetrieb) oder erwünschte Haltungsformen (z.B. nur Offenstall) festgelegt werden können, die der Käufer dann zu beachten hat. Auch wird dem Vorbesitzer ein Vorkaufsrecht eingeräumt, falls das Pferd erneut verkauft werden soll.

Jetzt wissen Sie also endlich auch, was die unzähligen Suchanzeigen nach vermissten Pferden zu bedeuten haben, in denen Ihnen immer wieder die Formulierung „trotz Schutzvertrag verkauft" aufgefallen ist.

❖

Haben Sie ein Pferd gefunden, das Ihnen gefällt, sollten Sie es möglichst ausgiebig und am besten mehrmals Probe reiten. Dann heißt es nur noch den Preis aushandeln, einen Vertrag aufsetzen und dann ... Nein! Halt! Stopp! Bevor Sie Ihr Geld auf den Tisch des Verkäufers legen und dafür das Pferd samt zugehöriger Papiere wie Eigentumsurkunde und Equidenpass ausgehändigt bekommen, werden Sie natürlich erst eine tierärztliche Ankaufsuntersuchung machen lassen – entweder weil Ihnen das selber eingefallen ist oder weil Ihre Reiterfreunde Ihnen eindringlich dazu geraten haben.

Die Theorie klingt ja auch mal wieder zu gut: Sie interessieren sich für ein Pferd und engagieren einen Tierarzt, der feststellen soll, ob es auch gesund ist. Geht die Untersuchung gut aus, kaufen Sie das Pferd und wenn sich anschließend herausstellt, dass das Pferd doch krank ist, verklagen Sie einfach den Tierarzt auf Schadensersatz.

In der Praxis wollen Tierärzte, die Ankaufsuntersuchungen vornehmen, natürlich für keine Fehleinschätzung verantwortlich sein. Deswegen sind Sie auch Meister der vagen Formulierungen, die sich auf nichts Eindeutiges festlegen lassen wollen. Und letztlich handelt es sich bei jeder Untersuchung immer um eine Momentaufnahme. Schon am nächsten Tag können krankhafte Veränderungen auftreten, die am Vortag einfach noch nicht nachzuweisen waren.

Außerdem können Sie auch nicht jeden Knochen und jedes Organ im Pferdekörper genauestens untersuchen lassen. Können Sie vielleicht schon, aber wenn Sie ein Freizeitpferd erwerben wollen und keinen millionenschweren Zuchthengst, dann zahlen Sie für eine solche große Untersuchung unter Umständen ein Vielfaches des eigentlichen Kaufpreises, den Sie für das Pferd hinblättern. Im Klartext: Das können Sie sich gar nicht leisten!

Sie sehen also, der Nutzen einer Ankaufsuntersuchung ist unter Umständen sehr bescheiden. Lassen Sie allerdings keine machen und Ihr neues Pferd erkrankt in kürzester Zeit an einem grässlichen chronischen Leiden, werden Sie sich ewig Vorwürfe machen. Und als wäre das noch nicht schlimm genug, werden Sie auch von allen reitenden Freunden und Bekannten bis in alle Ewigkeit mit der logischen Gleichung „fehlende Ankaufsuntersuchung – krankes Pferd = Besitzer ist selbst dran schuld“ gequält. Und das ist dann wirklich zum Wahnsinnigwerden!

Natürlich gibt es auch noch den Fall, dass Sie ein Pferd nicht kaufen, weil bei der Untersuchung ein angeblich gravierender Mangel festgestellt wird. Da aber ein (vermeintlich) dümmerer Stallgenosse das Pferd kauft, haben Sie in den nächsten Jahren ausreichend Gelegenheit, Ihr Fast-Pferd gesund und munter in der Gegend herumspringen zu sehen, während Ihr vom Tierarzt gesund geschriebenes Pferd unaufhörlich vor sich hin kränkelt. Ja, manchmal ist das Leben tatsächlich ein verdammt unfairer Sport!

❖

Wie ist es Ihnen und Ihrem gesunden Menschenverstand denn nun beim Pferdekauf ergangen? Sie waren erfolgreich, haben ein Pferd gefunden, das zu Ihnen passt, der Tierarzt hat es auch für gut befunden, der Vertrag ist gemacht und Sie sind überglücklich?

Gratulation! Dann haben Sie nun endlich Gelegenheit, die Reiterwelt mal wieder mit ganz anderen Augen zu sehen – mit den Augen des Pferdebesitzers!

Sattel & Co.

Reitsportgeschäft, die Zweite

Bisher sind Sie nur ins Reitsportgeschäft gegangen, um Ausrüstungsgegenstände für sich selbst zu erwerben. Nach dem Kauf eines Pferdes nimmt Ihr Einkaufszettel ganz andere Dimensionen an.

Zwar gibt es beim Pferdezubehör auch so einige Dinge, die Sie nicht zwangsläufig besitzen müssen, nur weil die Verkäuferin sie Ihnen empfiehlt, an einer soliden Grundausrüstung sollten Sie aber auf keinen Fall sparen. An allererster Stelle sollte dabei der Kauf eines guten Sattels stehen. Ein passender Sattel ist nämlich das A und O Ihrer gesamten zukünftigen Reiterei. Und die Annahme, dass ein Sattel schon passt, nur weil ein Pferd bereits jahrelang damit herumläuft, ist leider komplett falsch. Pferde sind sehr leidensfähige Geschöpfe und schreien nicht laut auf, wenn ihnen etwas unangenehm ist. Sonst wäre der Lärmpegel in vielen Reithallen entschieden höher. Und weil das so ist, ist es Ihre Pflicht, auch auf die unartikulierten Bedürfnisse Ihres Pferdes zu achten.

Ein schlechter Sattel, der die Bewegungsfreiheit Ihres Pferdes einschränkt oder ihm Schmerzen zufügt, verhindert, dass es sich unter dem Reiter entspannen kann, egal wie einfühlsam dessen Einwirkungen auch immer sein mögen. Das Pferd verspannt sich permanent, seine Bewegungen werden widerwillig und steif. Bevor Sie Ihrem Pferd also mit einem unpassenden Sattel ein chronisches Leiden „anreiten", sparen Sie lieber an weltraumgetesteten Satteldecken und Showhalftern aus exquisitem Rohleder und investieren Sie etwas mehr Mühe und Geld in den Sattelkauf!

(Nur um es gleich vorwegzunehmen: Der Sattelkauf macht keinen Spaß!)

Da ein Sattel im Allgemeinen eine teure Anschaffung ist, haben sich Gebrauchtsattelbörsen als fester Bestandteil des Marktes etablieren können. So werden Sie nicht nur in Ebay und im Anzeigenblättchen sondern auch in vielen größeren Reitsportgeschäften gebrauchte Sättel im Angebot sehen. Diese sind naturgemäß billiger als Neuware, dafür aber unter Umständen mit dem einen oder anderen Mangel behaftet. Dabei kann es sich um schlichte Schönheitsfehler handeln, im ungünstigsten Falle kann ein Gebrauchtsattel aber auch von seinem Vorbesitzer völlig schief gesessen worden sein. Seien Sie also misstrauisch und passen Sie auf, dass Sie nicht im Schnäppchenfieber – aber für immer noch nicht wenig Geld! – einen unnützen Haufen Lederschrott erstehen.

Ob neu oder gebraucht, der Markenname ist eine weitere ziemlich wichtige Sache beim Sattelkauf. Sättel bestimmter Firmen haben in Reiterkreisen einfach einen guten Ruf, und wenn Sie einen solchen erstehen, werden Sie ihn stolz in die Sattelkammer hängen können, ohne dass er von Ihren Stallgenossen mit schiefen Blicken bedacht wird. Ein saftiger Preis und ein goldenes Knöpfchen am Sattelblatt garantieren zwar nicht, dass das gute Stück auch passt, aber immerhin haben Sie sich somit das Ausbleiben abfälliger Kommentare erkauft.

Vielleicht wollen Sie aber auch ganz groß auftrumpfen und selbst die Markensattelfraktion in Ihrem Stall deklassieren? Dann bleibt Ihnen noch die Möglichkeit, einen Maßsattel für Ihr Pferd anfertigen zu lassen. Da dieser mindestens doppelt so teuer ist wie ein Sattel von der Stange, hätten Sie so zumindest bewiesen, dass Ihnen für Ihr Pferd nichts zu teuer ist. Auf der anderen Seite riskieren Sie aber auch, als großspuriger Trottel dazustehen, wenn sich nach ein paar Wochen herausstellt, dass der tolle Maßsattel Ihrem Pferd leider doch nicht wie angegossen passt. Doch, so was kommt durchaus vor! Und dann können Sie darauf wetten, dass all Ihre Stallkollegen schon lange wussten, dass besagte Sattlerei nichts taugt. Es bleibt also weiterhin schwierig.

Eine grundlegende Erschwernis des Sattelkaufs ist außerdem die Tatsache, dass Sie Ihr Pferd leider nicht zum Anprobieren mit ins Geschäft nehmen können. (Die Umkleidekabinen sind einfach zu klein.) Stattdessen müssen Sie entweder gegen ein Pfand einige Sättel aus dem Geschäft mitnehmen, um Sie zu Hause auszuprobieren, oder einen Sattelverkäufer mit seiner Kollektion zu sich bestellen. Wenn Sie sich für die zweite Möglichkeit entscheiden, haben Sie natürlich gleich einen Fachmann (echt oder vermeintlich) dabei, der Ihnen bei der Auswahl hilft. Schleppen Sie dagegen die Sättel ohne dazugehörigen Experten zu Ihrem Pferd in den Stall, dann haben Sie die Chance, Ihre Auswahl mit der Hilfe – oder zumindest der Anteilnahme – unzähliger Pseudoexperten aus Ihrer Stallgemeinschaft zu treffen. (Sollten Sie unter Kontaktarmut leiden, können Sie wie immer auch virtuelle Mitreiter konsultieren und in einem Internetforum die Rubrik „Woran erkenne ich, dass ein Sattel passt?“ eröffnen.) Jeder wird einen guten Tipp für Sie haben, und es ist schon ein tolles Gruppenerlebnis, gemeinschaftlich einen als Satteldecke verwendeten Kopfkissenbezug zu betrachten und aus den darauf befindlichen Schweißflecken zu lesen wie eine Wahrsagerin aus dem Kaffeesatz.

Irgendwann, nach zahllosen Anproben und ermüdendem Sattelgeschleppe vom Reitsportgeschäft in den Stall und zurück, werden Sie dann fündig werden und einen Sattel kaufen, den Sie und die Mehrzahl Ihrer Ratgeber (gegebenenfalls nach zusätzlicher Inanspruchnahme des Fifty-

fifty- oder Telefon-Jokers) für den passendsten erachten. Puuuh, werden Sie dann denken, endlich geschafft!

Oh je, wie bringe ich Ihnen die nächste bittere Wahrheit jetzt nur bei? Sie müssen mal wieder sehr tapfer sein! Also, es ist nicht ausgeschlossen, man könnte fast sagen nicht unwahrscheinlich, dass sich Ihr erster selbstgekaufter Sattel trotz aller vermeintlichen Sorgfalt bei der Auswahl binnen kurzem als komplette Niete herausstellt. Spätestens, wenn Ihr Pferd Beschwerden irgendeiner Art hat oder sich die ersten schwer wiegenderen reiterlichen Probleme einstellen und Sie dann irgendjemanden um Rat fragen, wird die gnadenlose Degradierung Ihres Sattels nicht lange auf sich warten lassen. Besagter Jemand wird Ihnen dann offenbaren, dass dieser Sattel auf Ihr Pferd passt, wie Ihr linker Schuh an Ihren rechten Fuß. Das kann dann stimmen oder auch nicht, in jedem Falle wird die ganze elende Tortur des Sattelkaufs wieder von vorne beginnen ...

Aber egal, so weit sind wir ja noch nicht, vorläufig haben Sie mit dem Erwerb des Sattels das Schlimmste hinter sich gebracht. Die restliche Ausrüstung können Sie nämlich bequem im Geschäft auswählen, ohne sie ständig hin und her tragen zu müssen.

❖

Was brauchen Sie also noch?

Natürlich brauchen Sie zum Reiten auch Zaumzeug. Was die Lederteile angeht, kaufen Sie einfach das Teuerste – und hoffen Sie, dass das dann auch am längsten hält.

Die Auswahl des Trensengebisses ist mal wieder eine Glaubensfrage. Soll es dick, dünn, einfach oder doppelt gebrochen, mit oder ohne Apfelgeschmack, aus weltraumtauglichem Metall, Gummi oder Leder sein? Schwierige Fragen, aber da es sicher nicht das letzte Gebiss sein wird, das

Sie kaufen, fangen Sie einfach mit dem pferdefreundlichsten an. Die nette Verkäuferin wird Ihnen sicher verraten, welches das ihrer Meinung nach ist.

Noch mal zurück zum Sattel! Als Unterlage brauchen Sie natürlich auch noch eine Satteldecke. Und nicht nur eine, am besten Sie nehmen gleich mehrere mit. Vielleicht eine aus dunkelrotem Samt oder eine vornehme weiße Dressurschabracke oder eine sportliche grüne Vielseitigkeitsdecke mit Anti-Rutsch-Beschichtung aus Moosgummi?

Hmm, bei dieser Gelegenheit können Sie doch noch einmal in der Bekleidungsabteilung vorbeigucken, ob Sie dort eventuell auch farblich zur Satteldecke passende Hosen und Westen finden. Die Chance, sich und Ihr Pferd im perfekten Partnerlook einzukleiden, kommt so schnell nicht wieder! Und um das Ensemble perfekt zu machen, könnten Sie auch noch die passenden Bandagen erwerben.

Wenn Sie keine Bandagen wickeln können oder wollen, dann gehen Sie gleich weiter zu den Gamaschen, die man praktischerweise mit einem Klettverschluss am Pferdebein befestigen kann. Alle Welt reitet mit Gamaschen ins Gelände, deswegen brauchen Sie natürlich auch welche. Vermutlich würde sich Ihr Pferd auch ohne die Dinger kein einziges Mal am Bein verletzen, das ist aber egal. Sie müssen sie kaufen! Der Gruppenzwang lässt Ihnen keine Wahl.

Vergessen Sie auch ja nicht, sich eine komplette Longierausrüstung bestehend aus Kappzaum, Ausbindern, Longiergurt und Longe zuzulegen! Es wird in Ihrem Leben als Pferdebesitzer Zeiten geben, in denen Sie nicht reiten dürfen oder wollen. Sie werden dann sehr erleichtert sein, wenn Sie Ihr Pferd stattdessen an die Leine nehmen können.

Eine große Auswahl bietet sich Ihnen auch in der Deckenabteilung. Jetzt steht Ihnen die Gewissensfrage bevor, wie viele Decken Ihr Pferd haben soll. Die Möglichkeiten, die Sie entdecken werden, sind nahezu unbegrenzt. Da gibt es Weidedecken, Stalldecken, Regendecken, Fliegendecken, Thermodecken, Abschwitzdecken, Transportdecken (mit farblich passenden Transportgamaschen zum supergünstigen Setpreis) und so weiter und so fort. Die nette Verkäuferin wird Ihnen all diese Modelle sicherlich gerne verkaufen, aber der Deckenkauf ist wirklich die falsche Gelegenheit, das Konto zu überziehen. Wenn Sie meinen Rat hören wollen, dann kaufen Sie eine Abschwitzdecke und eine Stalldecke (ohne Thermo), die auch als Transportdecke taugt.

Sollten Sie derlei nicht schon während Ihrer Laufbahn als Schulreiter bzw. Reitbeteiligung erworben haben, dann brauchen Sie auch noch Halfter, Führstrick und Putzzeug.

Dann wären wir eigentlich fertig. Uneigentlich können Sie auch noch mal in der Krimskrams-Ecke vorbeischauen und nach sensationellen Neuheiten Ausschau halten. Da gibt es zum Beispiel einen farbigen Hufbalsam, quasi als modischen Nagellack fürs Pferd. Oder da, das Glitterspray und die dazugehörigen Schablonen! Damit könnten Sie zum Beispiel ein Schachbrettmuster oder kleine französische Lilien auf das Hinterteil Ihres Pferdes sprühen. Wäre doch ein netter Gag für die Weihnachtsquadrille, oder? Und wenn wir schon von den Festtagen reden, was halten Sie dann von den Weihnachtsmannmützen fürs Pferd (natürlich mit Löchern für die Ohren) oder den Plüschgeweihen, die Sie dem lieben Tier auf den Kopf schnallen können? Wie, Sie sind entsetzt und flüchten zur Kasse? Danke, jetzt bin ich wirklich erleichtert!

Begleichen Sie also die nicht gerade kleine Rechnung und fahren Sie nach Hause zu Ihrem Pferd!

Apropos, wo wohnt Ihr Pferd denn eigentlich?

Den richtigen Stall finden ...

... und erst mal lange suchen

Wenn Sie sich auf die Suche nach dem geeigneten Stall für Ihr Pferd begeben, haben Sie nach langer Zeit mal wieder Gelegenheit, sich wie ein blutiger Anfänger zu fühlen. Auch wenn Sie vielleicht glauben, dass Sie bereits Erfahrung mit der Stallsuche haben, weil Sie schon einige Schulbetriebe und Ferienreitställe besichtigt haben, werden Sie schnell feststellen, dass es etwas ganz anderes ist, wenn es gilt, die Bedürfnisse von zwei Beteiligten unter einen Hut zu kriegen. Dann wird sich Ihnen nämlich sehr bald die schreckliche Erkenntnis aufdrängen, dass es scheinbar nur zwei Sorten von Ställen gibt: reiterfreundliche oder pferdefreundliche.

Stellen Sie sich bitte gleich darauf ein, dass die Stallsuche eine wahnsinnig frustrierende Sache werden könnte, die Sie auf alle Fälle vor dem Erwerb eines Pferdes in Angriff nehmen sollten. Denn unter Umständen kann Ihr gesamtes Projekt Pferdekauf daran scheitern, dass Sie einfach keinen Stall finden, den Sie Ihrem Pferd zumuten können, bzw. in dem Sie in Zukunft Ihre gesamte Freizeit verbringen wollen und dessen Monatsmiete Sie sich so ganz nebenbei auch noch leisten können.

Die besten Chancen, schnell einen Stall zu finden, mit dem Sie rundum zufrieden sind, dürften Sie haben, wenn Sie in der Stadt wohnen, zu viel Geld haben und artgerechte Pferdehaltung nicht unbedingt Ihr dringlichstes Anliegen ist. Um die städtischen Ballungszentren herum sind in den letzten Jahren zahlreiche hochmoderne Reitanlagen entstanden, meistens zwischen Autobahnkreuzen oder auf ähnlich verkehrsgünstigen Grundstücken. Dort gibt es dann große, helle Reithallen, überdachte Longierzirkel, Springplätze mit allen Schikanen, luxuriöse Waschplätze für die Pferde nebst hochmodernem Solarium, Duschen und Umkleideräumen für die Reiter sowie ein schickes Restaurant mit rustikalem Ambiente, in dem man standesgemäß das „Schnitzel Reiterhof" zu sich nehmen kann. Die Pferde sind in praktischen Einzelboxen untergebracht. Und damit sie sich nicht so leicht verletzen und/oder beschmutzen können, ist ihr Auslauf ohne Reiter und ihr Kontakt zu den Mitinsassen der Anlage auf ein Minimum beschränkt. Sind schließlich Sportpferde, die bewegen sich ja unter dem Reiter schon genug. Um die zimperlichen Pferdefreunde pro forma zufrieden zu stellen, hat der Stallbetreiber aber natürlich auch an einige Alibipaddocks und Minikoppeln gedacht, die sich die militanten Tierschützer dann zur Beruhigung gelegentlich anschauen dürfen. Und an einigen wenigen verwunschenen Tagen im Jahr kann man tatsächlich das eine oder andere Sportpferd (jeweils einzeln, versteht sich) auf einem dieser Ausläufe erblicken, vorausgesetzt, dass es weder regnet, noch in den letzten drei Tagen geregnet hat.

Natürlich kommen solche Reitsportanlagen auch ohne Ausreitgelände aus, da die dortigen Einsteller sowieso nur auf umzäunten und überdachten Plätzen reiten wollen. Und an den Lärm von der Autobahn gewöhnt man sich bereits nach ein paar Tagen so vollständig, dass man ihn nicht mal mehr am Rande wahrnimmt. Schön!

Es ist schon erstaunlich, um nicht zu sagen erschreckend, wie viele Leute es gibt, die bereit sind an die 500 Euro im Monat für einen Platz in einer derartigen Pferdebatterie zu bezahlen.

In eben diesen Ställen des höheren Preissegments sieht man in der letzten Zeit immer häufiger etwas, was es früher nur bei ganz ausgeflippten Pferdeökos gab: die Paddockbox. Bei dieser Art der Unterbringung wohnt das Pferd zwar auch in einer Einzelbox, hat aber daran angeschlossen einen eigenen, meist gepflasterten Paddock, so dass es selbstständig von drinnen nach draußen gehen kann, quasi ein Einzimmerapartment mit Balkon.

Pferde, die in einer Paddockbox leben, haben ungefähr doppelt so viel Bewegungsraum wie Boxenpferde, mehr Frischluft und eventuell die Möglichkeit, ein bisschen Kontakt mit ihren Paddocknachbarn zu pflegen. Das ist eine gute Sache und es spricht für einen Pferdebesitzer, wenn er seinem Pferd eine solche Unterbringung gönnen will – das Pferd dankt ihm das durch ein ausgeglicheneres Verhalten. Die Stallbetreiber freuen sich auch über diesen Trend, da sie für eine Paddockbox ganz abnorme Preise verlangen können, die von den Kunden auch brav bezahlt werden. Soweit haben also alle Beteiligten etwas davon.

Es wäre allerdings ein großes Missverständnis zu glauben, dass ein Pferd in einer Paddockbox ein artgerechtes Leben führt. Artgerechter als in einer dunklen, vergitterten Einzelbox, das schon. Aber um sein natürliches Bewegungsbedürfnis zu befriedigen, braucht ein Pferd mehr als ein Zimmer mit Balkon. Und es braucht mehr Sozialkontakte als ein gelegentliches Grüßen des Nachbarn über den Zaun. Das Pferd braucht also zusätzlichen Auslauf in Pferdegesellschaft auf einem großen Paddock oder einer Weide. Erst dann muss der Pferdehalter sein Pferd nicht täglich reiten oder anderweitig bewegen, da es sich auf ausreichend großer Fläche selber Bewegung verschaffen kann – ein paar Quadratmeter Paddock reichen da noch nicht aus!

Die artgerechteste Form der Pferdehaltung, ist die Unterbringung im Offenstall. Hier stehen die Pferde das ganze Jahr über im Herdenverband auf der Weide bzw. auf dem Auslauf und können nach Belieben einen nach einer Seite hin ständig offenen Unterstand aufsuchen oder unter freiem Himmel bleiben. Die Tatsache, dass das Stallklima somit dem Außenklima entspricht, ist für die Pferdegesundheit wesentlich günstiger als ein geschlossener Stall – so steht es mittlerweile sogar in den Haltungsrichtlinien der FN. Und auch wenn es viele Pseudoexperten immer noch nicht glauben wollen, brauchen gesunde Pferde aller Rassen tatsächlich keinen mollig warmen Stall, damit sie im Winter nicht frieren. Hier überträgt der Mensch sehr gerne seine eigenen Bedürfnisse auf die des Pferdes.

Vorausgesetzt der Auslauf ist groß genug für die Anzahl der darin lebenden Pferde, brauchen Sie Ihren im Offenstall lebenden Vierbeiner nicht täglich zu bewegen. Das tut er schon selber, ganz einfach weil er in einem solchen Stall nicht wie in der Box in erster Linie steht. Schlecht wäre nur, wenn sich Ihr Pferd in einem Auslauf befindet, in dem es sich bei schlechtem Wetter kaum bewegen kann, weil es im Schlamm feststeckt. Lassen Sie sich bloß nicht einreden, dass solche Matschpaddocks im Winter ganz normal wären! Es gibt durchaus Möglichkeiten, einen Auslauf entsprechend zu befestigen und mit einer Drainage zu versehen, damit ihr Pferd in der schlechten Jahreszeit nicht zum Schlammspringer mutieren muss. Sicher, solche baulichen Maßnahmen kosten Geld und in einer Schmuddelbude können Sie Ihr Pferd garantiert billiger unterbringen als in einem schlammfreien Offenstall – die Entscheidung liegt wie immer ganz bei Ihnen!

Wie findet man denn überhaupt einen ordentlichen Offenstall? In manchen Regionen Deutschlands ist das gar nicht so schwierig, während andere Landstriche in dieser Hinsicht noch völlig unterentwickelt sind. Immerhin gibt es aber ein bundesweit einheitliches Qualitätssiegel für Offenställe, nämlich die Plaketten der Laufstall-Arbeits-Gemeinschaft, genannt LAG. Dieser gemeinnützige Verein hat es sich zur Aufgabe gemacht, die artgerechte Pferdehaltung zu fördern. Jeder Stallbetreiber hat die Möglichkeit, eine Überprüfung seiner Anlage durch LAG-Inspekteure zu beantragen und diese verleihen dem Betrieb dann je nach Qualität des Stalles eine LAG-Plakette mit bis zu fünf Sternen. Ist also ein bisschen wie beim Guide Michelin, zumal die Überprüfung regelmäßig alle zwei Jahre wiederholt wird und die Sterne bei einer Verschlechterung wieder gestrichen werden können – quelle catastrophe! Die Chefköche, nein Stallbesitzer, sind also angehalten, ihren Qualitätsstandard aufrecht zu erhalten oder gar noch zu verbessern.

Die Adressen der LAG-prämierten Ställe finden Sie im so genannten „Pferde-Hotel-Führer", in dem Sie auch auf den Internetseiten der LAG kostenlos recherchieren können. Aber seien Sie nicht allzu traurig, wenn es in Ihrem näheren Umkreis keinen solchen Stall gibt. Es heißt nämlich, dass es auch ordentliche Ställe ohne Plakette gibt.

Einen Nachteil werden Sie bei artgerechten Pferdeställen immer wieder vorfinden, besser gesagt, was Sie vielerorts nicht vorfinden werden, ist eine Reithalle oder auch nur ein ganzjährig bereitbarer Reitplatz. Ihr Pferd wird darüber zwar nicht allzu traurig sein, aber für Sie als Reiter bedeutet eine solche fehlende Infrastruktur deutliche Einschränkungen bei der Ausübung Ihres Hobbys. Schließlich haben Sie sich Ihr Pferd ja zum Reiten gekauft und nicht, um tatenlos zu beobachten, wie es sich in seinem Element tummelt. Da hätten Sie sich ja gleich einen Fisch im Aquarium kaufen können, was obendrein auch noch viel billiger gewesen wäre.

Wenn Sie sich also in einem Angestelltenverhältnis mit festen Arbeitszeiten befinden, dürfen Sie diese Tatsache bei Ihrer Stallauswahl nicht vergessen, und zwar auch wenn

Sie in erster Linie am Geländereiten interessiert sind. Denn wenn Sie sich nicht vorstellen können, in der Wintersaison nach Dienstschluss mit einer Grubenlampe auf dem Reithelm im Stockdunkeln und bei Schneetreiben durchs Gelände zu geistern, dann ... Ja, was dann? Dann müssen Sie entweder nach einem anderen Stall Ausschau halten, oder den einen oder anderen Kompromiss machen. Möglicherweise gibt es ja einen Reitverein in erreitbarer Nähe, dessen Knastboxen für Ihr Pferd zwar nicht in Frage kämen, dessen Reithalle aber eine interessante Bereicherung für Ihre winterliche Reiterei wäre. Vielleicht ließe sich da ja was mit dem Vereinsvorstand aushandeln. Und wenn es so eine Möglichkeit für Sie nicht gibt, könnten Sie die dunkle Jahreszeit immer noch kurzerhand zur Trainingspause für sich und Ihr Pferd erklären. Zugegebenermaßen eine ziemlich lange Pause, die so manchen Trainingserfolg der Sommersaison zunichte machen dürfte.

Stellen wir uns mal kurz den idealen Stall vor. Ein artgerechter Laufstall, mit drainierten Ausläufen und riesigen Weideflächen, idealer Ausgangspunkt für lange Geländeritte, aber auch mit einer großen, hellen Reithalle. Ein Betriebsleiter mit Pferdeverstand, der die Weidegruppen so umsichtig zusammenstellt, dass es unter den Pferden kaum ernsthafte Raufereien gibt, und der ganz nebenbei auch noch vorzüglichen Reitunterricht erteilt. Welch paradiesische Vorstellung!

Der Besitzer dieses idealen Stalles könnte sich sicher vor Kunden kaum retten und würde Unmengen von Geld verdienen! Warum eröffnet dann niemand den idealen Stall? Ganz einfach, das Reitervolk zahlt eben auch, wenn man sich weniger Mühe gibt. Das Ergebnis sind dann diese unzähligen Drecklöcher, in denen geschäftstüchtige Bäuerlein noch in jeden ehemaligen Schweinekoben ein Pferd reinquetschen, um dafür saftig Miete zu verlangen. Wenn Sie solche überbelegten Schmuddelbuden besichtigen, dann denken Sie mal wieder an das Prinzip von Angebot und Nachfrage – und machen Sie auf dem Absatz kehrt!

Wie einfach wäre doch das Leben, wenn man immer nur die eindeutige Auswahl zwischen gut oder schlecht hätte. Die Realität besteht aber leider aus unzähligen Nuancen, die irgendwo zwischen den beiden Extremen liegen. Genauso ist es mit Pferdeställen. Wenn Sie Glück haben, werden Sie nach der Besichtigung von zig Ställen in Ihrer Umgebung einen gefunden haben, der Ihren Vorstellungen annähernd entspricht. Den einen oder anderen Kompromiss werden Sie aber mit Sicherheit schließen müssen. Sei es nun, dass es keine Halle gibt oder dass das zum Ausreiten geeignete Gelände erst nach der Überquerung von zwei stark befahrenen Bundesstraßen erreichbar ist oder dass die anderen Leute, die sich dort rumtreiben, extrem, nun sagen wir, merkwürdig sind. Und je entnervender Ihre Stallsuche war, desto eher werden Sie bereit sein, derlei Beeinträchtigungen – die Sie vor dem Beginn Ihrer Suche noch für absolut indiskutabel gehalten hätten – mit einem müden Schulterzucken zu akzeptieren. Aber trösten Sie sich, Ihr erster wird sehr wahrscheinlich nicht Ihr letzter Stall sein. Wenn Ihr Pferd nämlich erst mal dort eingezogen ist, werden Sie schnell feststellen, dass es mindestens tausend Gründe dafür gibt, mit seinem Stall unzufrieden zu sein. Von der schlechten Qualität des verfütterten Heus über den sehnenschädigenden Reitplatzbelag bis hin zur sträflichen Ignoranz des Stallbetreibers, was die speziellen Bedürfnisse Ihres Pferdes angeht (zu viel Futter, zu wenig Futter, zu viel Einstreu, zu wenig Einstreu, falsche Einstreu etc. etc.) gibt es ausreichend Konflikt- und Frustrationspotenzial.

Die meisten Pferdebesitzer ziehen häufig mit ihren Pferden um, immer auf der vergeblichen Suche nach dem besseren Stall. Warum auch nicht, schließlich ziehen die Pferdeherden in der freien Wildbahn auch über weite Strecken von einem Weidegrund zum anderen. Wieso sollte die Mini-Herde, die nur aus Ihnen und Ihrem Pferd besteht, nicht ein Gleiches tun?

Apropos Herde, denken Sie bei einem geplanten Stallwechsel immer daran, dass Ihr Pferd sich in einem neuen Stall auch in eine neue Weidegruppe einfügen muss. (Ich gehe einfach stillschweigend davon aus, dass Ihr Pferd eine solche hat, zumindest in der Warmduscher-Weidesaison vom 15. Mai bis zum 15.Oktober.) Kommt das Pferd in eine neue Gruppe, muss es sich dort erst einmal eingewöhnen und sich einen Platz in der Rangordnung erkämpfen. Das bedeutet für Ihr Pferd in jedem Falle Stress und eventuell auch Biss- und Trittverletzungen. Überdenken Sie also Ihrem Pferd zuliebe jeden Stallwechsel vorher reiflich und ziehen Sie nur los, wenn Sie sich vom neuen Quartier eine eindeutige Verbesserung erhoffen. Klar, am Anfang haben Sie bei jedem Neuanfang noch große Hoffnungen, aber nach einigen Umzügen lässt die Begeisterung für alles Neue auch bei Ihnen nach, spätestens wenn Sie festgestellt haben, dass es vielerorts zwar anders aber keinesfalls besser ist. Warten Sie's ab!

❖

Was für das Pferd der Herdenverband, ist für den Reiter die so genannte Stallgemeinschaft. Auch hier geht es selten ohne Rangeleien und Machtkämpfe ab. Allerdings bemisst sich die Ranghöhe innerhalb der Gruppe bei den Reitern nicht danach, wer zuerst zur Tränke gehen darf (der Tresen ist lang genug), sondern wer die meiste Weisheit gepachtet hat. Unfreundlicher formuliert, sind es meist die Klugscheißer, die das Sagen haben.

Es gibt in der Reiterszene einige Streitfragen, die immer wieder gerne mit fast religiöser Inbrunst ausdiskutiert werden. Und je nach dem Grad der Verblö ... äh ... Verblendung Ihrer Stallgemeinschaft, kann es schon mal passieren, dass der eine oder andere Dogmatiker Sie wegen einer vermeintlichen Verfehlung an den Pranger stellen möchte. Das beste Beispiel dafür ist die leidige Deckchendiskussion. Es gibt Reitställe, in denen fängt man schon Ende August damit an, den Pferden eine Decke anzuziehen, wenn sie in die unwirtliche Natur hinaus müssen. Zum einen wird dadurch versucht, den Pferdestoffwechsel so weit auszutricksen, dass er kein lästiges langes Winterfell produziert. Zum anderen aber sollen die empfindlichen Pferdchen davor bewahrt werden, eine Erkältung zu kriegen. Wenn Sie in einer solchen Stallgemeinschaft gelandet sind, aber unglücklicherweise die Meinung vertreten, dass Ihr Pferd keine Decke braucht, weil es im Winter ja praktischerweise von seinem dichten Pelz gewärmt wird, dann können Sie sich schon mal auf einige besorgte Blicke und entsprechende Kommentare gefasst machen!

Oder wollen Sie Ihr Pferd etwa barfuß laufen lassen? Wie, ganz ohne Eisen an allen vier Hufen? Sicher wird Sie gerne jemand darüber belehren, dass die Hufe Ihres Pferdes unweigerlich grässlich ausbrechen und eingetretene Steinchen ebenso unweigerlich Hufgeschwüre hervorrufen werden! Vorausgesetzt, Sie sind nicht in einer kompromisslosen Barhufgemeinde gelandet. In diesem Falle wird man Eisen an den Füßen eines Pferdes unweigerlich als Teufelswerk brandmarken, das nur darauf abzielt, die gesunde Durchblutung zu behindern und den gesamten Bewegungsapparat aus dem Gleichgewicht zu bringen. Sie wollen Ihr Pferd beschlagen lassen? Pfui, Spinne, in den Augen Ihrer Stallgenossen sind Sie damit ein Tierquäler! Die Tatsache, dass Ihr spezielles Pferd mit Hufeisen besser laufen kann, wird man geflissentlich ignorieren. Da könnten Sie schwer in Versuchung geraten, dem einen oder anderen Besserwisser die orthopädischen Einlagen aus den Schuhen zu klauen.

Auch bei der Fütterung können Sie schnell zum Außenseiter werden. Wenn alle Reiter in Ihrem Stall ihre Lieblinge mit einem speziellen haferfreien Müsli füttern, wird man jeden für unangemessen befundenen Temperamentsausbruch Ihres Pferdes auf den Hafer zurückführen, den Sie unverantwortlicherweise füttern. Dabei weiß doch jeder, dass Pferde, die Hafer fressen, zum spinnen neigen! Auch Ihr popeliges Mineralfutter vom Raiffeisenmarkt sieht in der Futterkammer neben den Zusatzfuttersortimenten der anderen Pferdebesitzer erschreckend ärmlich aus. Ist Ihnen Ihr Pferd wirklich nur so wenig wert? Dabei gibt es doch Vitamin-E-Präparate gegen Verspannungen, Zink und Biotin gegen brüchige Hufe, das Extrakt der grünlippigen Muschel aus Neuseeland gegen Gelenkbeschwerden und für die ordentliche Bemuskelung gleich noch ein pflanzliches Anabolikum dazu. Kriegt man alles ganz praktisch im Versandhandel! Was soll das heißen, Ihr Pferd hat doch gar keine Mangelerscheinungen? Pah, wenn Sie so knickerig sind, wird es bestimmt bald welche haben!

Grämen Sie sich ob solcher Aussagen nicht unnötig. Wenn Sie es endgültig satt haben, zu diesen und ähnlichen Themen ständig Kommentare zu hören, die absolut nichts mit gut gemeinten Tipps, sondern nur mit Prinzipienreiterei zu tun haben, dann stehen Ihnen mehrere Auswege offen. Im ärgsten Falle können Sie natürlich den Stall wechseln. Sie können allerdings auch versuchen, sich mit Ihrem Alien-Dasein zu arrangieren, indem Sie sich entweder ein dickes Fell zulegen (genau wie das, das Ihrem Pferd degoutanterweise im Winter wächst) oder aber Schwerhörigkeit und/oder Autismus vortäuschen, bis auch der letzte Stallgenosse es aufgegeben hat, Sie voll zu quatschen. Des Weiteren besteht auch noch die Möglichkeit, nur noch mit einem Walkman bewaffnet in den Stall zu gehen, um sich per Kopfhörer mit Musik zu beschallen. (Oder so zu tun als ob, der Abschottungseffekt ist bei einer Stummschaltung in etwa der Gleiche.)

Wenn Sie tatsächlich Musik hören, schalten Sie allerdings die Gefahr aus, dass Ihr Unterbewusstsein die unzähligen Horrorstories aufschnappt, die man sich in Reiterkreisen erzählt, um Sie dann mit Alpträumen zu quälen. In unzähligen Wiederholungen und mit leichten Variationen des Themas erzählen sich Reiter nämlich gerne grässliche Geschichten.

Hier die Top 3:

1. Pferd verunglückt schwer
2. Reiter verunglückt schwer
3. Pferd wird durch Krankheit unreitbar

Egal, ob es sich nun um das Pferd handelt, das sich beim Sprung über den Koppelzaun die Bauchdecke aufschlitzte, oder um die Frau, die im Gelände vom Pferd stürzte, im Steigbügel hängen blieb und kilometerweit durch den Wald geschleift wurde, oder um das Turnierpferd, das bei einer Auktion teuer ersteigert wurde und vom nächsten Tag an bis zu seinem Lebensende stocklahm war – die moderne Legendenbildung sorgt dafür, dass sich all diese Vorfälle angeblich irgendwann im eigenen Stall zugetragen haben bzw. im Stall von guten Bekannten der Nichte der Reitbeteiligung Ihres Boxennachbarn. Anfangs werden Sie diesen Erzählungen noch gespannt und mit offenem Mund lauschen und angemessen bewegte Kommentare dazu abgeben. Sobald Sie aber merken, dass sich die ganze Litanei mit der gleichen Unausweichlichkeit wiederholt wie Opas Kriegserlebnisse an der Ostfront, sind Sie reif für oben genannte Vermeidungsstrategien.

Typologie Ihrer Mit(st)reiter

Einer spinnt immer

Vielleicht hatten Sie ja noch nie Probleme mit Ihrer Stallgemeinschaft. Sie fühlen sich wohl in Ihrem Stall, liegen mit Ihren Reiterkollegen genau auf einer Wellenlänge und fühlen sich mit allen kameradschaftlich verbunden. In diesem idealen Falle habe ich nur einen Tipp für Sie: Hören Sie nie auf, sich über diesen glücklichen Umstand von Herzen zu freuen!

Zugegeben, es gibt auch eine ganze Menge netter Reiter. Das sind die, die es trotz gewohnheitsmäßiger Reiterei geschafft haben, nicht dem Reiterwahnsinn zu verfallen. Das ist durchaus eine große Leistung, denn alle Menschen, die sich jahrelang täglich mit dem Reitsport beschäftigen, entwickeln zumindest eine kleine Macke. Und nicht wenige werden mehr als nur ein bisschen merkwürdig.

Darunter gibt es charakteristische Reitertypen, die in fast allen Ställen anzutreffen sind. Schauen wir uns doch vermittels einer kleinen Typenkunde einmal einige davon genauer an:

Pferdemädchen

Sie sind klein, manche sogar niedlich. Lassen Sie sich aber tunlichst nicht von ihrem harmlosen Aussehen täuschen! Die sind nämlich gefährlich.

In vielen Reitställen und in den meisten Schulbetrieben sind die Pferdemädchen die eigentliche Macht im Staate. Von Reitlehrer und Stallpersonal als kostenlose Arbeitskräfte toleriert, kann eine Mädchen-Mafia schnell zur heimlichen Herrscherin werden. Das geschieht ganz ohne gewaltsamen Stallputsch und fast unbemerkt im Untergrund. Der Ablauf dieser Machtergreifung sieht in etwa so aus: Nachdem die Pferdemädchen untereinander eine Hackordnung ausgefochten haben, teilen sie die vorhandenen Schulpferde zwischen sich auf (die mit den spitzesten Ellenbogen bekommt das beste Pferd) und bezeichnen diese in Zukunft als ihre „Pflegis". Dann verlegen sie ihren außerschulischen Lebensmittelpunkt in den Schulstall – selbst wenn ihre Eltern ihnen nur eine Reitstunde pro Woche spendieren. Ihre ständige Präsenz verleiht ihnen dann quasi das Gewohnheitsrecht, andere Menschen, die sich nicht ganz so häufig im Stall aufhalten, zu belehren. Beliebte Opfer für verbale Pferdemädchenattacken sind erwachsene Reitanfänger („Nein! So dürfen Sie den Maxi nicht anbinden, der mag das nicht!") oder neue Pferdemädchen („Du hast ja noch gar keine Ahnung, was? Tja, ich reite hier schon ein ganzes halbes Jahr!").

Wenn sie nicht gerade andere Reitschüler herumschubsen oder ihre Pflegis putzen und deren Mähnen und Schweife mit possierlichen Zöpfen verzieren, lungern Pferdemädchen gerne an strategisch wichtigen Punkten der Reitanlage herum, um sich an Privatpferdereiter heranzumachen. Dabei setzen sie dann ihre treuherzigsten Engelsgesichter auf und rufen beim Anblick eines bestimmten Pferdes: „Oh, ist der süüüß! Darf ich den für Sie putzen?" Willigt der Pferdebesitzer ein, dann dauert es nicht lange, bis man das Mädchen im Sattel seines neuen Pflegepferdes sehen kann – vorerst noch beim Trockenreiten, in Gedanken aber schon auf dem ersten Turnier. Das alte Schulpferdepflegi wird dagegen von einem neuen Pferdemädchen übernommen, bis dieses dann auch irgendwann was Besseres findet und so weiter und so weiter. Tja, Pferdemädchen sind eben ausgebuffte Karrieristinnen!

Pferdefrauen

Egal ob es erwachsen gewordene Pferdemädchen sind oder Frauen, die sich erst im fortgeschritteneren Alter den Traum vom Reiten erfüllt haben: Weit mehr als die Hälfte aller Reiter in Deutschland sind Frauen – in manchen Ställen drängt sich einem sogar das Gefühl auf, dass es wohl annähernd hundert Prozent sein müssen. Und auch wenn ihnen allen die große Liebe zu ihren Pferden gemeinsam ist, kann sich diese doch auf ganz unterschiedliche Weise äußern. Halten wir uns also gar nicht erst mit einer Beschreibung der halbwegs normal Gebliebenen auf, sondern wenden wir uns gleich zwei extremen Verlaufsformen weiblichen Reiterwahns zu.

Da sind zum einen die besorgten Pferdemamas, die in erster Linie mit der Behandlung von echten und eingebildeten Wehwehchen ihrer Lieblinge beschäftigt sind. Wenn sie nicht gerade mit dem Einölen von spröden Hufen oder mit Entspannungsmassagen am Pferderücken beschäftigt sind, trifft man sie häufig in den einschlägigen Internetforen, wo sie sich in epischer Breite über die Vor- und Nachteile einer bestimmten Wundsalbe oder einer speziellen Bach-Blütenmischung auslassen. Gerne tauschen sie sich auch darüber aus, wie man am besten einen Fliegenschutz fürs Halfter selber häkelt oder welche selbst gebackenen Pferdeplätzchen den kleinen Lieblingen am besten schmecken. Wenn es ginge, würden sie ihre Pferdeschätzchen in Watte packen – in chlorfrei gebleichte natürlich.

Gar nicht rührselig, sondern knallhart sind dagegen die Reitfanatikerinnen, die ihrem Pferd mit gnadenlosem

Dominanztraining klar machen, dass sie das Alpha-Weibchen in der Herde sind. Da wird keine übertriebene Annäherung und keine noch so kleine Respektlosigkeit geduldet. Und so hart sie gegen andere sind, so hart sind sie auch gegen sich selbst, denn das Wohl ihres Pferdes steht bei ihnen immer an erster Stelle. Sie stecken ihr gesamtes mühsam verdientes Geld in ihr Hobby, transportieren Futtermittel und Sattelzubehör in klapprigen Kleinwagen zu ihren günstigen Selbstversorgerställen, können virtuos mit der Mistgabel umgehen und auch noch die vollgepackteste Schubkarre sicher zum Misthaufen navigieren.

Derartig ausgelastet mit allen Arbeiten rund ums Pferd, haben diese Pferdefrauen wenig Zeit für zwischenmenschliche Kontakte außerhalb des Reitstalles. Ihren nicht reitenden Lebenspartner würden sie, ohne mit der Wimper zu zucken, an die Forschung verkaufen, wenn das dem Wohle ihres Vierbeiners irgendwie zuträglich wäre. Gelingt ihnen aber nach vielen Monaten harten Trainings mit ihrem Pferd endlich eine besonders schwierige Lektion, dann treten ihnen auch schon mal Tränen der Rührung in die Augen. Denn wie so häufig bei rauen Gesellen und Gesellinnen versteckt sich auch unter der dominanten Schale eines Alpha-Weibchens ein weiches Herz – das ausschließlich für Pferde schlägt.

Feine Damen

Sie sehen immer aus wie aus dem Ei gepellt, tragen helle Blusen und Reithosen mit Jacquardmuster. Selbstverständlich würden Sie sich nie die Hände an einem Futtersack oder einer Mistgabel schmutzig machen, deshalb stehen ihre Pferde auch grundsätzlich in noblen Reitställen mit Vollpension. Die Kosten für den Full-Service-Stall zahlen sie aus der Portokasse. Feine Damen haben selbstredend auch feine

Pferde, deren makellose Ahnenreihen ihre Besitzerinnen mühelos auswendig aufsagen können. Besonders gut aufgehoben sind diese edlen Rösser in Ställen, die einen Vollberitt anbieten. Für ein paar Peanuts mehr im Monat wird dann der teure Vierbeiner von einem Profi geritten, der auch die Turniervorstellung übernimmt. Dann müssen die feinen Damen nicht selber reiten und stehen stattdessen am Turniertag in gediegener Aufmachung im Sektpavillon und reden im Kreise Gleichgesinnter über den großen Sport.

Bereiter (echte und falsche)

Die wenigsten Leute planen beim Kauf eines Pferdes, einem Fremden Geld dafür zu bezahlen, dass er ihr Pferd reitet. Schließlich kauft man sich gemeinhin ein Pferd, um es selber zu reiten, aus schierer Freude an der Reiterei. Trotzdem gibt es in jedem Stall Leute, die sich als Bereiter verdingen und auch nicht schlecht daran verdienen. Warum ist das so?

Zum einen, weil es immer wieder Phasen im Leben gibt, in denen Ihnen aus beruflichen, gesundheitlichen oder anderen privaten Gründen die Zeit fehlt, regelmäßig zu reiten. Und nach ein paar Anläufen haben Sie auch schnell festgestellt, dass es alles andere als einfach ist, eine fähige und zuverlässige Reitbeteiligung zu finden.

Oder Sie haben zwar Zeit zum Reiten, aber leider keinen Erfolg damit. Sie müssen feststellen, dass Ihr Pferd in der Dressur immer schwungloser läuft, sich nicht willig an den Zügel reiten lässt und trotz regelmäßigen Reitunterrichts schon fast genauso elend daherlatscht wie die Schulpferde, die Sie früher am wenigsten gern geritten haben. Oder aber Sie haben mittlerweile regelrecht Angst vor einem Geländeritt, weil Ihr Pferd früher oder später selbstständig beschließt, dass der Ausritt nun lange genug gedauert hat, und Anstalten macht, zum Hof zurückzugaloppieren. Tja, was machen Sie dann? Sie zücken zähneknirschend Ihr Portemonnaie, um einen Profi zu engagieren, der Ihnen weiterhilft? Sehen Sie, wie schnell man plötzlich Dinge tut, die man eigentlich nie vorhatte!

Echte Bereiter, also Profis, die ihren Lebensunterhalt mit der Reiterei verdienen, sind entweder bei einem Reitstall fest angestellt oder ziehen wie Wanderprediger ständig von Kunde zu Kunde und von Stall zu Stall. Der echte Bereiter hat immer etwas primadonnahaftes an sich. Sobald er einen Hof betritt, ist er von einem Fanclub umgeben und in seiner Abwesenheit sind seine Anhänger darum bemüht, andere Reiter von seinen Qualitäten zu überzeugen. („Du musst Dein Pferd unbedingt beim Harald in Beritt geben, der ist ja sooooooo einfühlsam!“) Seinen Berittpferden widmet er sich zwar mit großem Ernst, das ganze Drumherum wie Putzen und Satteln ist aber eindeutig unter seiner Würde und soll von anderen erledigt werden. Ist nach dem Reiten keiner da, der ihm das Sattelzeug abnimmt, wirft er es zerstreut und ohne böse Absicht in einen beliebigen Winkel der Sattelkammer, auf dass der Pferdebesitzer es schon irgendwie wiederfinden möge. Schließlich hat er noch andere Termine und muss dringend weiter.

In der Reitbahn benimmt sich der echte Bereiter immer so, als wäre er ganz alleine. Das heißt, er zieht die Lektionen mit seinem Berittpferd gnadenlos durch, auch wenn er dadurch etliche andere Reiter zu ständigen Ausweichmanövern zwingt. Schließlich hat er einen Auftrag zu erfüllen, und wer sich davon irgendwie gestört fühlt, beweist damit nur, dass er hoffnungslos unprofessionell ist!

Falsche, bzw. nicht professionelle, Bereiter sind Menschen, die gut reiten können – oder es zumindest ganz fest glauben – und die sich entweder mit dem Beritt fremder Pferde ein paar Euro dazu verdienen wollen und/oder ihrem Ego damit schmeicheln wollen, dass sie mit Pferden zurecht kommen, mit denen andere Leute Probleme haben. Ein geringer Prozentsatz der falschen Bereiter leidet auch unter einem Helfersyndrom und muss einfach in salbungsvollem Tonfall den Satz „Meinst Du, ich soll mich mal draufsetzen?“ von sich geben, wenn er irgendeines Reiterproblems ansichtig wird.

Letztlich ist es aber völlig egal, ob der Bereiter nun echt oder falsch, ein Profi oder ein Laie ist. Die entscheidende Frage sollte sein, ob Sie und Ihr Pferd von dem teuren Beritt auch wirklich profitieren. Schließlich nützt es Ihnen nichts, wenn Ihr Pferd unter dem Bereiter ganz ordentlich läuft, Sie aber immer noch die gleichen Probleme mit ihm haben. Außerdem ist bei Bereitern, gleich welcher Sorte, ein bisschen gesundes Misstrauen nicht fehl am Platz. Ist er wirklich ein guter Reiter oder hat er nur ein paar effektive Tricks auf Lager, damit das Pferd den Kopf runter nimmt? Läuft Ihr Pferd unter dem Bereiter wirklich locker und entspannt oder lediglich in einer gefälligen Zwangshaltung? Und wissen Sie denn, wie der Bereiter mit Ihrem Pferd umgeht, wenn Sie mal nicht zusehen?

Lassen Sie sich nicht von großen Worten und einem schneidigen Aussehen täuschen! Nicht jeder Bereiter ist sein Geld wert. Und unter Umständen ist es besser, wenn Sie selber auf Gedeih und Verderb versuchen, mit Ihrem Pferd ein Auskommen zu finden. Sie haben es sich doch schließlich zum Reiten gekauft, oder?

Turnierreiter

Siehe dazu das Kapitel „Auf der Jagd nach der goldenen Schleife“. Damit dürfte alles gesagt sein.

Spaßreiter

Diese Reiter lassen es gerne krachen. Sie lieben grundsätzlich alles, was man im Gelände und im leichten Sitz machen kann. Dazu gehören Aktivitäten wie Reitjagden oder flotte Ausritte, bei denen man auch schon mal über einen Stacheldrahtzaun hinwegsetzen kann, damit es nicht zu langweilig wird. Verschlägt es einen Spaßreiter aufgrund von extremer Witterung in eine Reithalle, jagt er sein Pferd gern, ohne Rücksicht auf Verluste unter der restlichen Hallenbesatzung, Runde um Runde im Galopp durch die Bahn. Weibliche Exemplare dieser Gattung neigen überdies zu spontanen Freudenjauchzern.

Spaßreiter gehören oft zur Kategorie „Leitender Angestellter mit viel Personalverantwortung", die nur im Urlaub oder am Wochenende zum Reiten kommen, dann aber auch unbedingt Dampf ablassen wollen, um einen Ausgleich zu ihrem stressigen Bürojob zu haben. Deswegen halten sie auch rein gar nichts von drögen Reitstunden und trockener Theorie.

Das Pferd eines Spaßreiters erkennt man an seinem eindeutig erleichterten Gesichtsausdruck, wenn das Wochenende endlich vorbei ist.

Depressive

Reiter, die über ihrem Tun im Laufe der Zeit depressiv geworden sind, sitzen häufig mit trauriger Miene auf weißen Plastikstühlen vor dem Stall und warten auf jemanden, dem sie ihr Leid klagen können. Die Gründe für ihre dauerhaft desolate Gemütsverfassung können ganz unterschiedlicher Natur sein. Sei es nun, dass das Pferd seit Jahren öfter krank als gesund ist, die Turnierergebnisse gleichbleibend schlecht sind oder der Reitlehrer eine Affäre mit einer anderen Schülerin hat. Es gibt auch ganz selbstkritische Exemplare, die so gerne gut reiten würden und nach jeder schlechten Reitstunde hoffnungslos niedergeknüppelt sind. Andere hoffnungslose Fälle, die über diese Phase der Selbstreflexion schon hinaus sind, kommen nur noch in den Stall, um den Bereiter zu bezahlen oder der Reitbeteiligung auf die Finger zu gucken – und anschließend mit der restlichen Plastikstuhlfraktion noch ein Bierchen zu zischen. Einige haben auch schlichtweg vergessen, warum sie eigentlich schlecht drauf sind, und betrachten es mittlerweile als ganz normale Freizeitbeschäftigung, stundenlang auf billigen Gartenstühlen aus dem Baumarkt herumzulungern, anstatt sich lieber mal auf ihr Pferd zu setzen.

(Merke: Partieller Gedächtnisschwund und Bewusstseinsveränderungen sind ganz normale Begleiterscheinungen des gemeinen Reiterwahnsinns!)

❖

Diese kleine Typologie erhebt keinen Anspruch auf Vollständigkeit und ließe sich nach Belieben fortsetzen. Schauen Sie sich doch mal in Ihrem Reitstall um! Ich wette, dass Sie den einen oder anderen schrägen Vogel entdecken werden. Denn eines ist sicher: Einer spinnt immer!

Alles anders machen

Leere Konten und entgangene Reiterfreuden

Reiten ist ein teures Hobby.

Das ist für Sie alles andere als eine Neuigkeit, und allerspätestens nach dem Kauf Ihres eigenen Pferdes haben Sie das gesamte Ausmaß der Kostspieligkeit Ihrer Freizeitbeschäftigung erfahren müssen.

(Das trifft natürlich nicht zu, wenn Sie eine millionenschwere Witwe, ein erfolgreicher Manager oder eine Tochter aus reichem Hause sind. Dann haben Sie vermutlich gar keine Ahnung, welche Entbehrungen mancher Normalbürger auf sich nimmt, um sich den Traum vom Reiten zu finanzieren. Gehören Sie also zu besagter Personengruppe, können Sie dieses Kapitel – und die meisten anderen – getrost überspringen.)

Aber schließlich sind auch andere Aktivitäten nicht gerade billig. Manch einer gibt jedes Jahr Unsummen für Urlaube in exotische Länder aus und wieder andere Leute versaufen ihr Geld jeden Abend in irgendwelchen Szenekneipen. Wenn Ihnen also an extravaganten Reisen nicht viel liegt und Sie Ihren Wein von ALDI am liebsten zu Hause und mit staubigen Reithosen bekleidet trinken, dann spricht doch auch nichts dagegen, dass Sie Ihre mühsam verdienten Euros in die Reiterei investieren. Ist ja schließlich Ihr Geld.

Und es ist eigentlich auch gar nicht schlimm, wenn Ihr Kontostand dann und wann unter gewisse besorgniserregende Grenzen sinkt, weil Sie einige Tierarztrechnungen begleichen mussten, solange er sich beim nächsten Weihnachtsgeld wieder erholt. Auch wenn die Boxenmiete für Ihr Pferd höher ist als Ihre monatlichen Ausgaben für die eigene Wohnung, ist das durchaus in Ordnung.

Vorausgesetzt, Ihre persönliche Rechnung geht auf und Ihr Hobby schenkt Ihnen unterm Strich mehr Freude und Zufriedenheit als es Sie Sorgen ums Geld und Nerven wegen ständigen Ärgers kostet.

Fahren Sie dagegen jeden Abend schlecht gelaunt zum Stall, weil Ihnen Ihre Stallgemeinschaft gehörig auf den Zeiger geht, der neue Diplom-Reitlehrer Ihr erklärter Hassfeind ist und es Sie unglaublich fuchst, dass Sie dem Stallbetreiber monatlich ein Heidengeld dafür bezahlen, dass Ihr Pferd in einer dunklen Box steht, die Sie zu allem Überfluss auch noch jeden Tag selber ausmisten müssen, sollten Sie früher oder später eine neue Bilanz ziehen. Und wenn die Unzufriedenheit groß genug ist, drängt sich Ihnen ein Gedanke auf, der schon viele Reiter vor Ihnen zu einem gewagten Schritt veranlasst hat: vom Einsteller zum Selbstversorger.

Zunächst stellen Sie sich alles ganz einfach vor. Sie könnten günstig eine große Weide pachten und eine mobile Weidehütte draufstellen. Schon hätte Ihr Pferd die lang ersehnte artgerechte Unterbringung und Sie wären endlich Ihr eigener Herr, müssten sich nicht mehr von irgendwelchen Stallbesitzern gängeln lassen und könnten uneingeschränkt Ihre eigenen Vorstellungen von ordentlicher Pferdehaltung verwirklichen. Natürlich soll Ihr Pferd aber auch nicht alleine sein. Deswegen brauchen Sie mindestens einen gleichgesinnten Pferdebesitzer, mit dem Sie das Projekt „Haltung in Eigenregie“ gemeinsam verwirklichen können. Mit diesem Partner können Sie sich dann auch die anfallenden Arbeiten teilen und hätten außerdem noch jemanden, der sich um Ihr Pferd kümmern kann, wenn Sie einmal verhindert sein sollten.

Klingt alles in allem nach einem perfekten Plan. Kündigen Sie aber bitte nicht in der ersten Euphorie gleich Ihren Einstellvertrag! Und verderben Sie es sich auch nicht endgültig mit Ihrem Stallbetreiber, indem Sie ihm fröhlich all die Dinge an den Kopf werfen, die Sie schon seit Jahren in sich hinein gefressen haben. Vielleicht brauchen Sie ihn noch! Ganz so einfach ist der Weg in die Selbstständigkeit nämlich leider nicht. Unter Umständen müssen Sie feststellen, dass Ihr Traum von der Eigenregie unerfüllbar bleibt – und Ihnen nichts anderes übrig bleibt, als sich um eine Verbesserung der Zustände in Ihrem jetzigen Stall zu bemühen.

Problem Nummer eins dürfte das Finden eines geeigneten Grundstücks für die Pferdehaltung sein. Zwar ist die Landschaft scheinbar voll von Wiesen und Feldern, aber es sind bei weitem nicht alle Landwirte versessen darauf, ihren Grund und Boden an irgendwelche dahergelaufenen Pferdeleute zu verkaufen oder auch nur zu verpachten. Und leider sind Sie auch in Ihrer Wahl nicht ganz frei, denn die neue Pferdeheimat muss schließlich bequem für Sie zu erreichen sein und darf nicht irgendwo jwd in einer günstigen aber weit entfernten Gegend liegen. Pech für Sie, wenn Sie in einem städtischen Ballungsgebiet wohnen. Dann dürften Sie früher oder später herausfinden, dass es am besten wäre, wenn Sie gleich mit Ihrem Pferd zusammen aufs Land ziehen würden. Aber das ist schon wieder ein ganz anderer Fall mit seinen ganz eigenen Problemfeldern …

Nehmen wir mal an, dass Sie einen Bauern in Ihrer Nähe finden, der sich noch keine goldene Nase mit einem Pferdepensionsbetrieb für Selbstmister verdient und der bereit ist, Ihnen für einen nicht ganz unverschämten Wucherpreis ein Stück Weideland zu verpachten. Gratulation! Und wenn Sie es zusätzlich auch noch schaffen, das Bauamt davon zu überzeugen, dass es der Umwelt keinen untragbaren ästhetischen Schaden zufügt, wenn Sie auf diesem Grundstück einen Offenstall und einen Lagerschuppen für Einstreu, Futter und Arbeitsgeräte errichten, dann sind Sie wirklich gut!

Jetzt können Sie damit anfangen, erst mal richtig Geld auszugeben, bevor Sie es dann durch den Wegfall der monatlichen Boxenmiete wieder einsparen können. Denn mit dem Start in die Selbstständigkeit werden einige Investitionen fällig.

Es gilt einen Stall zu bauen, bzw. ein Fertighaus fürs Pferd zu erwerben. Dann müssen Sie noch einen Auslauf anlegen, der entsprechend drainiert und befestigt sein muss, damit er nicht in der ersten Schlechtwetterperiode zur Matschkuhle mutiert.

Ihre Weiden benötigen natürlich auch eine Umzäunung. Und zwar eine, die massiv und haltbar ist, und nicht diese fadenscheinigen Flatterbänder, die an windschiefen, dürren Plastikstecken auf Halbmast hängen. Stabile Pfähle müssen her, dazu Latten aus Kunststoff oder Holz, Elektroseile oder -bänder und ein Weidezaungerät.

Haben Sie übrigens schon daran gedacht, wo und wie Sie den Mist entsorgen wollen? Und was ist überhaupt mit der Wasser- und Stromversorgung?

Oh je, Fragen über Fragen. Außerdem haben Sie vor lauter Planen und Bauen ganz vergessen, dass Sie mit Ihrem alten Reitstall auch die Reithalle, den beleuchteten Außenplatz und den Longierzirkel aufgegeben haben. Sicher, Ihr neues Ausreitgelände ist wunderschön, aber wenigstens gelegentlich wollten Sie schon noch Dressurlektionen reiten oder Ihr Pferd einmal longieren. Und was machen Sie im Winter, wenn es so früh dunkel wird? Gar nicht reiten? Oder mit einer Grubenlampe auf dem Helm?

Unlösbar sind alle diese Probleme nicht. Mit Geduld und Spucke werden Sie es schon schaffen, Ihr Ziel zu verwirklichen. Nebenbei lernen Sie auch viel Neues über Weidepflege und Pferdefütterung und entwickeln im trial-and-error-Verfahren handwerkliche Fähigkeiten, die Ihnen bislang völlig fremd waren. Für Nebensächlichkeiten wie Reiten fehlt Ihnen dann ohnehin häufiger mal die Zeit.

Was Sie an Geld für Fremdleistungen einsparen, müssen Sie an eigener Arbeitszeit investieren. So lautet die einfache Formel der Pferdehaltung in Eigenregie. Wem das zu mühsam ist oder wem aus beruflichen oder privaten Gründen die Zeit dafür fehlt, der sollte sein Pferd lieber im Pensionsstall lassen, sonst sind Enttäuschung und Verdruss vorprogrammiert.

Ein Feierabendreiter, der sich nach der Reitstunde am liebsten noch ein Schnitzel im bewirteten Reiterstübchen mit Blick in die Reithalle gönnt und Misten und Füttern für Tätigkeiten hält, die ausschließlich polnischen Hilfsarbeitern vorbehalten sind, der wird den mühevollen Schritt in die Selbstständigkeit sicher gar nicht erst in Erwägung ziehen.

Die Hartgesottenen aber, die eines Tages mit Sack und Pack und Pferd aus dem Reitstall verschwunden sind, um ihr eigenes Ding durchzuziehen, kehren hingegen auch nie wieder dorthin zurück. Es muss also doch etwas dran sein, an der großen Freiheit auf dem Lande.

Patient Pferd

Ärzte, Heiler und Schamanen

Pferdekrankheiten sind in allen großen Reiterzeitschriften eine beliebte Rubrik. Außerdem gibt es eine Unzahl von Buchveröffentlichungen zu diesem Thema – vom Bildatlas mit grausigen Farbfotos bis hin zu Anleitungen zur Selbstdiagnose und Ratgebern für Erste-Hilfe-Maßnahmen. Und überhaupt ist auf jedem Reiterstammtisch und bei vielen Stallgassengesprächen auch von Krankengeschichten die Rede.

Bevor man angesichts der Fülle der Erlebnisberichte den Eindruck bekommt, dass Pferde extrem anfällige und empfindliche Geschöpfe sind, sollte man sich unbedingt klar machen, dass viele Pferdekrankheiten quasi berufsbedingt sind. Im Klartext: Wenn das Pferd nicht geritten würde, hätte es so einige Probleme überhaupt nicht. Rückenprobleme gehören in diese Kategorie, sowie Sehnenleiden, die durch Überforderung entstanden sind, vegetative Störungen, die stressbedingt sind, und viele andere Malaisen. Viele Reiter lassen ihre Pferde in solchen Fällen immer wieder für teures Geld zusammenflicken, jammern darüber ausgiebig bei den Stallgenossen – und reiten ihre Rösser anschließend in naiver Unwissenheit erneut krank. Dieser Teufelskreis kann nur durchbrochen werden, wenn das Pferd vom Veterinär als dauerhaft unreitbar erklärt wird oder wenn der Besitzer auf die Dauer nicht mehr genug Geld für die teuren Tierarztrechnungen hat.

Natürlich können aber auch die Pferde von guten und umsichtigen Reitern krank werden, ganz einfach weil jedes

Lebewesen von Zeit zu Zeit krank wird. Schauen Sie sich mal den Krankenstand in Ihrer Firma an! Den Pferden geht es da nicht anders als den lieben Kollegen, sie haben eben dann und wann ihre Wehwehchen und ihre ernst zu nehmenden Beschwerden. Dadurch werden sie nicht zwangsläufig berufsunfähig, aber sie brauchen schlicht und ergreifend ausreichend Zeit, um zu genesen. Auch wenn leider nicht jeder Kranke wieder gesund wird. Das ist der ganz normale Lauf der Welt ...

Normal oder nicht, den Reiter und Pferdebesitzer kostet allerdings jede schwer wiegende Erkrankung seines Pferdes eine Menge Nerven und nicht viel weniger Geld.

Bleiben wir vorerst bei den Nerven. Betrachten wir einmal eine der besonders häufigen und hartnäckigen Krankheiten: die Lahmheit. Stellen Sie sich vor, Ihr Pferd läuft in der letzten Zeit nicht mehr taktrein, manche behaupten sogar, es lahmt. Sie machen sich furchtbare Vorwürfe (Ist das meine Schuld? Hätte ich doch den teuren Sattel kaufen sollen?) und wollen endlich wissen, was genau mit Ihrem Pferd los ist. Nun, in diesem Falle können Sie unter Umständen jahrelang an ihm herumtherapieren, ohne je zu erfahren, warum es überhaupt lahmt. Viele Reiter sind sogar selbst bei angestrengter Beobachtung der vier Pferdefüße überhaupt nicht in der Lage zu beurteilen, ob ein Pferd lahmt und wenn ja, auf welchem Fuß. Wenn Sie also ein eher nervös veranlagter Mensch sind, können Sie sich während Ihrer Laufbahn als Pferdebesitzer lange und häufig damit beschäftigen, Ihrem Pferd angstvoll auf die Beine zu starren und sich Sorgen zu machen. Zwischendurch können Sie sich dann noch völlig kirre machen lassen, wenn Sie vier andere Reiter zu dem Thema befragen und diese Ihrem Tier dann jeweils im Brustton der Überzeugung eine Lahmheit an vier verschiedenen Beinen diagnostizieren. Spätestens dann ist für Sie die Zeit gekommen, um zu heulen und mit den Zähnen zu klappern – und den Tierarzt zu holen.

Aber wie findet man denn nun einen guten Veterinär? Mittels guter Empfehlungen oder unter Zuhilfenahme des Telefonbuchs. Aber, und das ist mit Tierärzten nicht anders als mit Humanmedizinern, die Chancen, beim ersten Versuch gleich einen wirklich guten Arzt zu finden, liegen bestenfalls bei fünfzig Prozent. Verfallen Sie also nicht gleich in Euphorie, weil Sie hoffen, nach tagelanger Ungewissheit nun endlich die Meinung eines Profis zum Zustand Ihres Pferdes hören zu können. Denn wenn Sie Pech haben, hören Sie außer einem unverständlichen Brummeln nicht viel von Ihrem Veterinär. Nachdem Sie dem Doc nämlich die gesamte Leidensgeschichte Ihres Rosses ausführlich dargelegt haben, gibt er Ihrem Pferd unter Umständen einfach irgendeine Spritze, raunt etwas von Boxenruhe und verschwindet ziemlich schnell wieder, weil er irgendwo wohl noch einen wichtigeren Termin hat. Immerhin will er aber in einer Woche zur Verlaufskontrolle wieder kommen.

Während Sie beobachten, wie sich die Rücklichter des Tierarztautos schnell vom Hof entfernen, fallen Ihnen noch ganz viele Fragen ein. (Was hat mein Pferd denn nun? Kommen die Beschwerden aus dem Rücken oder von den Beinen? Habe ich etwas falsch gemacht? Was soll ich füttern? Muss das Pferd wirklich ununterbrochen in der Box stehen oder darf ich es wenigstens spazieren führen?) Sie bleiben also möglicherweise völlig unbefriedigt zurück. Und müssen sich vermutlich auch noch von Ihren Stallgenossen anhören, dass die Behandlung bestimmt besser gewesen wäre, wenn Sie statt des Doktor X den Doktor Y gerufen hätten. Aber trösten Sie sich, hätten Sie Doktor Y konsultiert, wäre der gleiche Kommentar gekommen, nur umgekehrt.

Bis Sie den Tierarzt Ihres Vertrauens gefunden haben, kann es eine Weile und einige frustrierende Versuche lang dauern. Deswegen ist es auch immer besser, schon mal Kontakt zu einem oder mehreren Tierärzten aufgenommen zu haben, bevor es zu einem Notfall auf Leben und Tod kommt. Impfungen und Wurmkuren sind zum Beispiel eine gute Gelegenheit, einen Veterinär schon einmal kennen zu lernen, ohne dass eine akute Stresssituation besteht. Dann können Sie und Ihr gesunder Menschenverstand in aller Ruhe beurteilen, ob der Tierarzt einen kompetenten Eindruck macht, wie er mit Ihrem Pferd umgeht und wieviel Zeit er sich für Ihre Nachfragen nimmt. Und wenn Sie dann den Veterinär Ihres Vertrauens gefunden haben, gibt es nur eins: Greifen Sie beherzt zu, fesseln Sie ihn, stecken Sie ihn in eine unbenutzte Box, pflegen Sie ihn gut und holen Sie ihn immer dann raus, wenn Sie ihn brauchen! Dann kann eigentlich nichts mehr schief gehen!

Wenn es einmal hart auf hart kommt und Ihr Pferd schwer krank wird, dann wird der Tierarzt Ihr Pferd in eine Klinik überweisen. In so einem Krankenhaus für Pferde liegt Ihr Reittier zwar nicht in einem sauber bezogenen Bettchen, wie sich das originelle Nichtreiter so gerne vorstellen, aber es besteht dort die Möglichkeit zur Operation unter Vollnarkose und anschließender Intensivbehandlung. Außerdem steht das Pferd dort rund um die Uhr unter der Beobachtung eines ganzen Ärzteteams.

Koliken zum Beispiel sind nach wie vor die Todesursache Nummer eins bei Reitpferden. Wenn ein Darmverschluss eintritt, kann nur eine sofortige Operation das Leben des Pferdes retten. So eine Kolikoperation bedeutet für die Klinikärzte harte körperliche Arbeit, denn bevor sie einen exakten chirurgischen Schnitt ausführen können, müssen sie erst einmal die kiloschweren Därme des Pferdes in die richtige Position bringen. Diese Schwerstarbeit wird von dem erleichterten Pferdebesitzer bei einer gelungenen Operation mit großer Dankbarkeit und Erleichterung honoriert. Unabhängig vom Behandlungserfolg muss er außerdem eine Rechnung von bis zu 3.000 Euro begleichen. Womit wir also endgültig beim Thema Gesundheitskosten angekommen wären.

Erinnern Sie sich noch, was ich Ihnen im Kapitel über den Pferdekauf über den notwendigen Notgroschen gesagt habe? Ich hoffe, Sie erinnern sich nicht erst daran, dass dieser nicht zu knapp bemessen sein sollte, wenn Sie mit der Klinikrechnung in der Hand dastehen. Ich hasse nämlich den Satz „Ich hab's ja gleich gesagt!".

Gemeinhin fällt einem das Geldausgeben leichter, wenn man dafür eine klar definierte, zufriedenstellende Leistung erhält. Im Falle einer haushohen Rechnung der Pferdeklinik wäre das die beschriebene lebensrettende Operation, für die man auch bereitwillig seinen Bausparvertrag auflösen würde, ganz einfach weil einem das Leben seines Pferdes so viel (und noch mehr) wert ist. Dagegen werden Sie nur äußerst zähneknirschend 1.500 Euro dafür bezahlen, dass Sie Ihr Pferd nach zwei Wochen Klinikaufenthalt wieder abholen dürfen, ohne zu erfahren, was ihm überhaupt fehlt und was man dagegen tun kann. Vielleicht bietet man Ihnen einige bedenkliche aber unklare Röntgenbefunde, die eine Lahmheit erklären könnten aber nicht zwangsläufig müssen. Denn das Blutbild ließe eventuell auch eine Infektionskrankheit vermuten, Borreliose oder auch Herpes, so genau weiß man das auch nicht, weil Bluttests leider auch keine hundertprozentige Gewissheit geben können. Wussten Sie eigentlich schon, dass Ihr Pferd ganz außergewöhnlich seltsame Herztöne hat? Der Oberarzt hat davon Aufnahmen gemacht und sie an die nächste Universität geschickt. So was Merkwürdiges hat er nämlich in seiner ganzen langen Berufslaufbahn noch nie gehört, vielleicht kann ja die Forschung davon profitieren. Ach ja, vorsichtshalber hat man Ihr Pferd mit Antibiotika vollgepumpt. Sie kriegen auch noch ein paar Ampullen für zu Hause mit, dann können Sie die Behandlung noch ein bisschen fortsetzen und haben das Gefühl, etwas Nützliches zu tun. Wieso fragen Sie denn immer noch nach einer Diagnose? Der Doktor hat Ihnen doch schon mehrfach gesagt, dass das gesamte Beschwerdebild diffus ist, äußerst diffus! Gönnen Sie Ihrem Pferd zu Hause vorsichtshalber zwei Wochen Boxenruhe, dann können Sie langsam wieder mit Longieren anfangen. Sonst noch Fragen? Nein? Dann verladen Sie endlich Ihr Pferd und fahren Sie nach Hause, der Klinikplatz wird für einen dringenderen Fall benötigt! Schönen Tag noch!

❖

Haben Sie von der herkömmlichen Schulmedizin erst gründlich die Schnauze voll, dann werden Sie sich früher oder später zwangsläufig alternativen Heilmethoden zuwenden. Da dies vielen Leuten so ergangen ist, hat sich die Naturheilkunde in der Human- wie in der Veterinärmedizin mit Erfolg etablieren können. Man muss nicht mehr zu einer Kräuterhexe gehen, um sich oder sein Pferd naturheilkundlich behandeln zu lassen, es gibt mittlerweile eine große Anzahl von Heilpraktikern aller Art, die Ihnen Ihre Dienste anbieten. Darunter gibt es gute und schlechte, manche mit fundierter Ausbildung und auch einige Scharlatane. Und leider ist es ebenso schwierig einen guten Heilpraktiker zu finden wie einen guten Schulmediziner.

In der Tat kann es vorkommen, dass Tierheilpraktiker in Fällen Erfolge erzielen, die von der herkömmlichen Medizin bereits als hoffnungslos abgestempelt wurden. Der Grund dafür ist häufig der ganzheitliche Ansatz des Heilpraktikers. Wenn der Schulmediziner nämlich aufs Geratewohl einem Pferd zwei Wochen Boxenruhe verordnet, macht er sich dabei nicht im Geringsten Gedanken über die Psyche seines Patienten. Dabei ist jedes Pferd, das nicht gerade völlig bewegungsunfähig ist oder in akuter Lebensgefahr schwebt, an der frischen Luft und in Pferdegesellschaft besser aufgehoben als alleine im muffigen Stall. Ein Alternativmediziner ist da meist eher in der Lage, den Seelenzustand des tierischen Patienten zu berücksichtigen. Wenn Ihr Pferd krankheitsbedingt nicht herumtoben darf oder die Gefahr besteht, dass es in seinem geschwächten Zustand von den Herdenkollegen zu sehr gepiesackt wird, wird er Ihnen vielleicht raten, es auf einen von der Weide abgetrennten, kleinen Paddock mit Sichtkontakt zu seinen Artgenossen zu stellen. Es ist erstaunlich, wie sehr eine solche mit wenig Aufwand zu realisierende, pferdefreundliche Lösung den Heilungsprozess fördern kann!

Einfältig wäre es nun aber anzunehmen, dass der Heilpraktiker dem Schulmediziner prinzipiell überlegen wäre. Pflanzliche Arzneimittel sind zwar in den meisten Fällen bekömmlicher und nebenwirkungsärmer, dafür aber mitunter auch einfach weniger wirksam. Und leider gibt es auch Heilpraktiker, die auf ihre Art genauso engstirnig sind wie Schulmediziner und ihren Kunden auch dann nicht raten, einen Veterinär hinzuzuziehen, wenn dies für das Wohl des Patienten dringend erforderlich wäre. Hat Ihr Pferd zum Beispiel eine akute, sich stetig verschlimmernde Entzündung am Bein und Ihr Heilpraktiker entschließt sich, diese nur mit einer Arnikatinktur zu behandeln, wird er den wütenden Bakterien damit höchstens ein müdes Hüsteln entlocken. Bevor Sie das arme Tier mit dieser übertrieben sanften Therapie krank pflegen lassen, holen Sie lieber den Doktor X! Zu irgendwas muss der ja auch gut sein, und Antibiotika spritzen kann er schließlich ziemlich gut ...

Am besten wäre es also, einen guten Tierarzt und einen guten Heilpraktiker zu haben. Sollten Sie ein richtiges Glückskind sein, dann finden Sie vielleicht einen Dr. Two-in-one (Schulmediziner und Heilpraktiker in der praktischen Kombipackung!), also einen konventionell geschulten Veterinär, der nebenbei auch aufgeschlossen und kompetent ist für alternative Methoden. Auf diese Weise käme Ihr Pferd ganz einfach in den Genuss der Vorzüge beider Heilmethoden – und Sie könnten sich über Ihren Superdoktor freuen wie über einen Sechser im Lotto!

Ach ja, dann gibt es natürlich auch noch die Pferdebesitzer, die selber bekennende Hobbymediziner sind und gerne ihre im Selbststudium erlangten Kenntnisse am lebenden Objekt erproben. Sollten Sie selber derartige Neigungen verspüren, dann stellen Sie sich doch bitte einmal vor, Sie wären krank, Ihnen wäre hundeelend zumute, und anstatt einen Arzt zu rufen, würde Ihr Partner nun versuchen mittels eines Buches (schlimmer noch: mittels der gesammelten Beiträge eines Internetforums) und eines obskuren Mittelchens aus der Apotheke (schlimmer noch: aus dem Versandhandel), an Ihnen herumzudoktern. Das fänden Sie doch sicher nicht gerade lustig, oder? Sehen Sie, und genau wie Sie hat auch Ihr krankes Pferd das Recht auf eine professionelle Behandlung! Hüten Sie sich davor, zum praktizierenden Dilettanten zu werden!

❖

Liest man regelmäßig Reiterzeitschriften und studiert man dabei neugierdehalber auch den Kleinanzeigenteil, fallen einem unter der Rubrik „Pferdegesundheit" zwangsläufig einige merkwürdige Angebote auf, die mit schöner Regelmäßigkeit immer wieder auftauchen. Meine Lieblingsanzeige ist zum Beispiel die einer Dame, welche um Zusendung eines Pferdefotos (und 100 Euro Honorar) bittet, um mit Hilfe des Bildes in telepathischen Kontakt zu dem abgebildeten Tier zu treten und es auf diese Weise nach seinen Befindlichkeiten zu fragen. Der Pferdebesitzer bekommt dann einen handgeschriebenen Brief der hellsichtigen Frau, in dem sie ihm als Medium des Pferdes mitteilt, wie dieses sich fühlt und wie es gerne behandelt werden möchte. Als Anlage erhält der interessierte Kunde gegen Aufpreis auch noch eine Auraanalyse.

Ich habe wirklich selten so gelacht wie an dem Tag, als ich ein Internetforum mit Erfahrungsberichten von Kundinnen besagter Telepathin entdeckt habe! (Zugegeben, es war ein eher bitteres Lachen ...)

Dass die Anbieter von derart eigenartigen bis bizarren Dienstleistungen in der Lage sind, Monat für Monat die oft nicht gerade niedrigen Anzeigenpreise zu zahlen, spricht dafür, dass sie auf diese Weise tatsächlich Kunden gewinnen können. Was wiederum nur zwei Schlüsse zulässt: Entweder haben manche Pferdebesitzer zu viel Geld oder sie sind ganz außerordentlich verzweifelt.

Verzweiflung treibt ja oft seltsame Blüten und nach zahllosen erfolglosen Tierarztbehandlungen und naturheilkundlichen Therapien, von denen keine dem geliebten Tier geholfen hat, kommt man unter Umständen zu dem Schluss, dass es auch schon egal ist, ob ganz oben auf dem Stapel unbezahlter Rechnungen auch noch die eines nach indianischen Vorbildern praktizierenden Pferdeschamanen aus Ostfriesland liegt. Und zumindest kann ein Telepath, Gesundbeter, Edelsteinheiler oder Energieströmelenker auch keinen zusätzlichen Schaden anrichten. Zumindest wenn man von materiellen und geistigen Schäden absieht.

Merkwürdig eigentlich, dass Pferdebesitzer, die offensichtlich an höhere Mächte und geheime Energieströme glauben, einen sehr nahe liegenden Gedanken meist völlig verdrängen. Vielleicht ist die Krankheit ihres Pferdes ja wirklich eine schicksalhafte Fügung und es manifestiert sich eine übersinnliche Botschaft darin, die da lautet, dass der Reiter sein Ross einfach mal eine längere Zeit lang in Ruhe lassen sollte. Nehmen wir einmal an, ein Pferd hat ein bestimmtes Leiden, das es vorläufig unreitbar macht, es ist aber noch in der Lage ein pferdewürdiges Leben zu führen, sprich, es kann sich ohne Schmerzen auf der Koppel bewegen, frisst gerne und genießt die Gesellschaft seiner Artgenossen. Möglich, dass sich ein solcher Patient, der von Schul- und Alternativmedizin bereits austherapiert wurde, wieder erholt, wenn man ihn einfach in Kur schickt – anstelle ihn zu ständiger Boxenruhe zu verdammen und permanent mit einem Défilé von Wundertätern zu nerven.

Es gibt Betriebe, die sich auf Nicht-Reitpferde spezialisiert haben und Rentnern und Rekonvaleszenten eine pferdegerechte Unterbringung und gewissenhafte Betreuung anbieten. Große Auslaufflächen, frische Luft, viel Ruhe und Pferdegesellschaft – manchmal sind es diese einfachen Zutaten, die einen Genesungsprozess in Gang setzen. Wäre das dann eigentlich ein Wunder?

❖

Es gibt auch Therapien, für die muss Ihr Pferd nicht mal richtig krank sein. So können Sie zum Beispiel auch Geld für eine Aroma- oder Klangtherapie ausgeben, um Nase und Ohren Ihres Lieblings zu erfreuen und (zumindest angeblich) sein allgemeines Wohlbefinden zu steigern.

Was soll man dazu sagen? Sicherlich können Duftöle und Meditationsmusik außer Ihrem Geldbeutel niemandem ernsthaft schaden. Allerdings betrachten viele Pferde auch das Rascheln der Leckerlitüte beim Öffnen als herrlichen Wohlklang und den Duft eines reifen Apfels als glücklich machendes Aroma. Es ist möglich, dass sich Ihr Pferd, als alter Therapiebanause, über diese einfachen Genüsse mehr freut als über Lavendelduft und Harfenklänge. Ja, es ist sogar wahrscheinlich.

Niemals Nichtreiter?

Ein Nachwort

„Hör auf, hör auf, hör auf ...“, schallt es täglich monoton über Putzplätze, durch Stallgassen und Reithallen.

„Hör auf, hör auf, hör auf ...“, nölen unzählige Reiterstimmen, wenn Pferde mit den Hufen scharren, mit den Köpfen schlagen oder sonst wie unangenehm auffallen.

Mal ehrlich, haben Sie nicht auch schon daran gedacht, dieser Aufforderung nachzukommen und aufzuhören? Einfach den alltäglichen Wahnsinn zwischen Reiterfrust und Pferdesorgen hinter sich zu lassen und wieder ein freier Nichtreiter zu sein, erscheint Ihnen diese Vorstellung nicht dann und wann wirklich verlockend? Sie können diese ketzerischen Gedanken ruhig zugeben! Glauben Sie mir, ich verstehe Sie.

Es gibt viele Gründe, die Reiterei an den Nagel zu hängen. Manche sind vergleichsweise prosaisch, wie zum Beispiel Geld- oder Zeitmangel. Andere sind von eher philosophischer Natur, wie die Erkenntnis, dass die meisten Pferde nicht gerade scharf darauf sind, geritten zu werden. Mitunter – allerdings eher selten – gelangt ein Reiter auch zu der Einsicht, dass er sich und den Pferden einen großen Gefallen damit erweisen würde, für immer aus dem Sattel zu steigen, da er mangels Talent und Gefühl nie ordentlich reiten lernen wird.

Die meisten Aussteiger haben allerdings keine derartig eindeutigen Gründe für ihren Entschluss, dem Reitsport den Rücken zu kehren. Sie haben die Nase voll, weil sie im Laufe der Zeit zu viele enttäuschende Erfahrungen gemacht haben, angefangen von miesem Reitunterricht, über die schlechten Haltungsbedingungen der Pferde in vielen Reitställen bis hin zur allgemeinen Borniertheit der Reiterszene. Irgendwann ist das Frustrationsfass dann bis zum Überlaufen voll. Und wenn dann noch die letzte Illusion zerplatzt, wandern Wachsjacke, Reitstiefel, Sporen und Gerte in den Keller.

Aber nicht für immer. Vielleicht habe ich Ihnen für jemanden, dessen eigene Reiterkarriere bislang auch nicht gerade glorreich war, schon viel zu viele gute Ratschläge gegeben. Aber eine ultimative Wahrheit kann ich Ihnen guten Gewissens verraten: Reitsucht ist unheilbar!

Das merken Sie spätestens, wenn Sie sich als frischgebackener Nicht-mehr-Reiter bei jeder Autofahrt den Hals verrenken, weil Sie sich nach jeder noch so armseligen Koppel umdrehen, um anschließend Überlegungen über die Qualität der Umzäunung und den Futterzustand der Pferde anzustellen.

Oder wenn Sie abends gemütlich auf dem Sofa sitzen – an einem Abend, den Sie früher in einer zugigen Reithalle verbracht hätten, aber damit sind Sie ja Gott sei Dank fertig! – und sich die dämlichste Sendung des Abends angucken, nur weil darin ein Pferd vorkommt.

Es kann Jahre dauern oder auch nur Monate, aber dann kommt der Zeitpunkt, an dem Sie sich in die Schar derer einreihen, die unter der Rubrik „Wiedereinsteiger/in sucht ...“ nach einem neuen Pferd, einer neuen Reitbeteiligung, einer neuen Reitschule Ausschau halten.

Und dann? Das Ganze noch einmal von vorn? Nicht wirklich, oder? Wäre es nicht schön, stattdessen einen Beitrag dazu zu leisten, dass die Reiterszene ein bisschen besser, menschlicher und pferdefreundlicher wird?

Neue Konzepte für die Anfängerschulung, verbesserte Haltungsbedingungen auch für Schul- und Turnierpferde, besitzer- und pferdefreundliche Pensionsställe anstatt gnadenloser Abzocke in der Servicewüste Reitstall – Ideen und Ansätze für eine schöne neue Reiterwelt gibt es viele.

In diesem Sinne ein allerletzter gut gemeinter Ratschlag: Machen Sie's besser!

SERVICE

Virtuelle Reiterwelten

Interessante Links

Reiter halten sich oft und gerne im Internet auf. Zum Teil mag das daran liegen, dass die virtuelle Welt schöner ist als der triste Alltag in vielen Reitställen, aber in erster Linie können sie hier ihr großes Kommunikationsbedürfnis mit Gleichgesinnten ausleben. Lieber mit einem unbekannten Reiter über Pferde gechattet, als mit einem bekannten Nichtreiter über langweilige Themen (das sind alle übrigen) geredet.

Betrachtet man in den zahlreichen Reiterforen einmal die Uhrzeiten, zu denen die – meist weiblichen – User ihre Botschaften ins Netz schicken, wird man feststellen, dass es sich meist um den Zeitraum von acht bis siebzehn Uhr handelt, also die klassische Bürozeit. Klar, nach Feierabend muss man ja auch sofort in den Stall zum Pferd fahren und danach ist man dann nach einem langen Tag rechtschaffen müde. Wann also sollte man sich mit seinen virtuellen Freunden über Hottithemen aller Art austauschen, wenn nicht während der ohnehin unerträglich pferdelosen Arbeitszeit? Über den sittlichen Nährwert eines Online-Dressurkurses lässt sich zwar streiten, zum Zeittotschlagen reicht es aber allemal.

(Nichts für ungut, Mädels! Ich will ganz sicher nicht die ahnungslosen Chefs auf eure Fährte setzen! Chefs lesen Bücher wie dieses doch sowieso nicht!)

Für den interessierten Reiter ist das Internet mittlerweile allerdings mehr geworden als ein weiterer Umschlagplatz für Geschwätz. Wer richtig sucht, findet tatsächlich auch brauchbare Informationen zu nahezu allen wichtigen Themen rund ums Pferd.

Hier eine Auswahl (mehr oder weniger) nützlicher Links, ohne Anspruch auf Vollständigkeit:

Offizielle Seiten von Verbänden und Vereinen

www.fn-dokr.de
Die Seiten der Deutschen Reiterlichen Vereinigung (FN). Überaus nützlich für Turnierreiter, die im virtuellen Selbststudium versuchen wollen, die diversen Prüfungsbestimmungen zu verstehen. (DOKR steht übrigens für „Deutsches Olympiakomitee für Reiterei".)

Unter www.pferd-aktuell.de (ein Service der FN)
kann der so genannte Breitensportler in einer Datenbank bundesweit nach Reitbetrieben suchen. Wer sich für einen Hardcore-Reiterurlaub interessiert, findet hier auch die Adressen der Landgestüte und Landesreitschulen. Außerdem gibt es ein Forum, in dem man sich zum Beispiel auf die Suche nach einem Sponsor machen kann, der einem sein L-fertiges Turnierpony für den großen Sport zur Verfügung stellt.

www.ipzv.de
Hier singt der Islandpferde-Reiter- und Züchterverband Deutschland e.V. das Hohe Lied der Pferde aus dem hohen Norden. Neben einigen grundlegenden Infos für Neueinsteiger und einem Adressbuch registrierter Isländerhöfe, gibt es hier auch jede Menge Tölt- und Turniergeflüster. Unter www.ipzv-forum.de können Sie kräftig mitflüstern.

www.ewu.bund.de
Die Homepage der Ersten Westernreiterunion Deutschland

e.V. Hier gibt es auch eine Linkliste auf die Seiten der zum Teil sehr aktiven Landesverbände. Dort findet man dann auch zünftige Westernforen.

www.vfdnet.de
Die Vereinigung der Freizeitreiter und -fahrer in Deutschland e.V. ist offen für Reiter aller Pferderassen und aller Reitweisen. Sie können sich zwecks Gedankenaustausch entweder einen real existierenden Stammtisch in Ihrer Nähe suchen oder online, im Forum oder im Chat, Ihren Senf dazu geben.

www.lag-online.de
Erfahren Sie auf den Seiten der Laufstall-Arbeitsgemeinschaft e.V., wo es mit Sternchen ausgezeichnete Offenställe gibt!

Foren

www.koppel.de
War mit seinem „virtuellen Reiterstübchen" einmal eines der größten Meinungsforen der Hotti-Fraktion. Seit man seine persönlichen Daten registrieren und für eine so genannte Vollmitgliedschaft sogar einen Geldbetrag zahlen muss, tummeln sich viel weniger Spinner auf der Koppel – und es gibt viel weniger Beiträge im Reiterstübchen. Dafür allerdings einige sehr gesprächige regionale Stammtische.

www.fressnapf.de/forum
An ungeahnter Stelle, auf den Seiten einer Tiernahrungshandelskette, ist ein äußerst streitbares Reiterforum entstanden. Wenn Sie kontroverse Diskussionen ohne lästige Höflichkeitsfloskeln suchen, sind Sie hier richtig.

www.@grar.de
Von Pferde.de empfohlenes, moderiertes Forum. Man findet alle Themen, die das Reiterherz begehrt.

Suchen und Finden

www.pferde.de
Deutschlands Pferdeportal. Ob Pferd, Reitbeteiligung, Zusatzfutter oder Hilfszügel – hier gibt's alles.

www.pferdekauf-online.de
www.pferdeboerse-online.de
Zwei von vielen Pferdekauf-Seiten. Vom Turnierkracher bis zum chronisch lahmen Beistellpferd. Unter diesen Links findet jeder sein Traumpferd – oder zumindest irgendein Pferd.

Zeitlos schön

www.hotterinchen.de
Mittlerweile nur noch eine Geister-Homepage eines alternativen Pferdereformhauses. Die Adresse spukt durch viele Linklisten, führt einen aber nur zu einer Fehlermeldung. Der Name allerdings ist unvergesslich gut!

Und zum Schluss ...

Virtuelle Reiterhöfe (VRH) sind der neueste Schrei bei interaktiven Pferdemädchen. Vorsicht! Hier ist gar nichts echt! Was Sie sehen sind pure digitale Mädchenphantasien, zur Schau gestellt auf kostenlosen Homepages. Die Abbildungen der Stallanlagen sowie der Verkaufs-, Schul- und Zuchtpferde sind häufig im Internet zusammengeklaut. Manch ein Pferdebesitzer hat auf diese Weise schon Fotos von sich und seinem Pferd an unerwarteter Stelle wiedergefunden.

Seien Sie also misstrauisch, wenn Sie auf der Suche nach einem schönen Reiterhof auf Seiten gelangen, die mit besonders vielen bunten Sternchen, Zaubertrollen oder Einhörnern garniert sind! Spätestens wenn man Ihnen auf einem solchen Hof anbietet, dass Sie Ihre Stute dort für 10 Euro von einem vollblütigen Spitzenvererber decken lassen können, sollten Sie misstrauisch werden. Allerspätestens, wenn man Ihnen verspricht, dass das Fohlen in 14 Tagen per E-Mail zugestellt wird.

Hier nur drei Beispiele von vielen:
www.reiterhof-greensland.de.vu
www.the-fantasy-unicorn.de.vu
www.nationalgestuet-sonne.de.vu

(Stand: November 2003)

Zum Weiterlesen
Hilfreiche Bücher

Mehr Hintergrundwissen als Ihnen Ihr Reitlehrer verrät!
Krämer, Monika / Schumacher, Jochen: **Die Kosmos Reitlehre;** Erfolgreich im Sattel von Anfang an, Stuttgart 2002

Meyners, Eckart: **Das Bewegungsgefühl des Reiters;** Das innere Auge schulen, Reiterliche Probleme lösen, Mit über 300 praktischen Lösungen, Stuttgart 2003

Humorvoll und lehrreich. Der Klassiker!
Stern, Horst: **So verdient man sich die Sporen,** Stuttgart 1997 / 2005

Abzeichen gefällig?
Putz, Michael: **Die Reitabzeichen,** Stuttgart 2006

Vom Rookie zum Horseman
Kreinberg, Peter: **Grundkurs Westernreiten;** Horsemanship Training, Stuttgart 2002

Holtappel, Antje: **Go West;** Westernreiten, Stuttgart 2002 / 2008

Tölt und Pass mit Sinn und Verstand
Adalsteinsson, Reynir / Hampel, Gabriele: Reynirs **Islandpferde-Reitschule;** Das Spiel mit dem Gleichgewicht, Stuttgart 1998 / 2007

Welches Pferderl hätten Sie denn gern?
Haller, Martin: **Der neue Kosmos-Pferdeführer;** Mit über 250 Pferde- und Ponyrassen aus aller Welt, Stuttgart 2003

Alles selber machen! Basiswissen für die „Eigenregie".
Bender, Ingolf: **Praxishandbuch Pferdehaltung;** Ställe und Ausläufe, Reitplätze und Weiden optimal planen und praxisgerecht umsetzen, Resthöfe um- und ausbauen, Stuttgart 2004

Patient Pferd
McEwen, John: **Das Kosmos Buch Pferdekrankheiten;** Probleme erkennen und einschätzen, Diagnose und Behandlung, Stuttgart 2006

Spannendes von der Pferdeflüsterer-Fraktion
Hempfling, Klaus Ferdinand: **Wenn sich Pferde offenbaren;** Von der ersten Begegnung bis zum Freund fürs Leben, Stuttgart 2003

GaWaNi Pony Boy: **Horse, follow closely;** Indianisches Pferdetraining – Gedanken und Übungen, Stuttgart 1999 / 2004 / 2007

Welz, Heinz: **Entdecke den Horseman in dir;** Elf Schritte zu Gelassenheit und Sicherheit mit dem Pferd, Stuttgart 2003

Impressum

Umschlag von eStudio Calamar unter Verwendung
von einer Farbillustration von Jesko Puls, Frankfurt/Main.

Gedruckt auf chlorfrei gebleichtem Papier

ISBN 978-3-440-09852-3
Redaktion: Alexandra Haungs
Gestaltungskonzept: eStudio Calamar
Produktion: Kirsten Raue, Claudia Kupferer
Printed in The Czech Republic /
Imprimé en République Tchèque

Vermisster Arzt gefunden

Erleichterung im Krankenhaus von North Palmerston

Wellington. Der seit zwei Tagen als vermisst gemeldete Arzt Chris Shaw wurde heute lebend in einem ungenutzten Gebäudeteil des Krankenhauses von North Palmerston aufgefunden. Ein Elektriker hatte nach einer Störung in der Stromleitung gesucht und den Arzt gefesselt und geknebelt in einem verschlossenen Raum vorgefunden.

Der Arzt erklärte der Polizei, er sei von zwei Männern überfallen worden. Sie hätten sein Geld geraubt und vermutlich versucht, illegal an Medikamente zu gelangen.

Die Männer seien dunkelhäutig und um die dreißig gewesen. Möglicherweise hatten sie heimlich in dem leer stehenden Gebäudeteil gewohnt.

Dr. Shaw bleibt noch zur Beobachtung im Krankenhaus. Man geht jedoch davon aus, dass er sich schnell erholen wird. (bb)